Martin Knispel · Norbert Schäfer

Mit einem Vorwort von Dr. Frank-Walter Steinmeier

BERLINER GESPRÄCHE

Politiker über Glauben, Werte und Verantwortung

francke

ÜBER DIE AUTOREN:

Martin Knispel ist Religionspädagoge und promovierter Theologe. Er ist verheiratet und hat zwei erwachsene Kinder. Nach vielen Jahren kirchlicher Tätigkeit in Afrika war der Autor acht Jahre Direktor am Theologisch-pädagogischen Seminar Malche (Porta Westfalica). Heute ist er der Geschäftsführer der WERTESTARTER Stiftung, Berlin.

Norbert Schäfer arbeitet als Journalist im Hauptstadtbüro des Christlichen Medienverbundes KEP e.V., der seinen Sitz im mittelhessischen Wetzlar hat. Er ist verheiratet und lebt mit seiner Frau Anette in Greifenstein. Dort engagiert sich der Autor in der Kommunalpolitik.

Bibliografische Information Der Deutschen Bibliothek
Die Deutsche Bibliothek verzeichnet diese Publikation in der Deutschen Nationalbibliografie; detaillierte bibliografische Daten sind im Internet über http://dnb.ddb.de abrufbar.

ISBN 978-3-86827-633-6
Alle Rechte vorbehalten
© 2017 by Verlag der Francke-Buchhandlung GmbH
35037 Marburg an der Lahn
Umschlagbild: iStockphoto. com / alexsl
Umschlaggestaltung: Verlag der Francke-Buchhandlung GmbH /
Sven Gerhardt
Satz: Verlag der Francke-Buchhandlung GmbH
Printed in Czech Republic

www.francke-buch.de

INHALT

Vorwort von Dr. Frank-Walter Steinmeier 7

Einführung...11

Wolfgang Thierse 16

Friedrich Ostendorff...28

Katrin Göring-Eckardt...38

Bodo Ramelow 46

Frank Heinrich 58

Thomas Rachel 70

Steffen Bilger 80

Franz Josef Jung...92

Dietmar Nietan 104

Volker Beck 116

Josip Juratovic 130

Gregor Gysi.. 140

Volkmar Klein... 146

Albert Helmut Weiler.. 156

Margaret Horb... 166

© Thomas Köhler / photothek

VORWORT

»Hier stehe ich und kann nicht anders …«, soll Martin Luther gesagt haben, als er seine frühen Schriften vor dem Kaiser in Worms widerrufen sollte. Sein Gewissen und sein Verständnis der Heiligen Schrift geboten es ihm, sich dem Druck der damaligen Autoritäten zu widersetzen und Verantwortung wahrzunehmen.

Der Bezug auf meinen Glauben und die Reformation sind mir auch in meiner Arbeit als Außenminister wichtig. Was das in der Praxis heißt und warum ich in gewisser Weise »mit Luther« Außenpolitik mache, zeigen vielleicht diese drei Beispiele ganz gut:

Mein Amt bringt mit sich, dass ich nahezu täglich Verhandlungen mit schwierigen Partnern führen muss, und nicht selten sind die Krisen dieser Welt Anlass dafür. Es kommt vor, dass ich mit den Überzeugungen und der Politik meiner Gesprächspartner ganz und gar nicht übereinstimme. Aber wäre es nicht verantwortungslos, sich nicht in diese Gespräche zu begeben – insbesondere gegenüber den Menschen, die am meisten unter diesen Krisen leiden? Man sagt Luther den Satz mit dem Apfelbaum nach, den er pflanzen wolle, auch wenn morgen die Welt zugrunde ginge. Dieser Satz ist mir eine moralische wie gedankliche Stütze – und ein Ansporn weiterzumachen.

Die Frage nach der Ordnung in einer Gesellschaft und zwischen

Gesellschaften hat mich in meinem Leben schon früh beschäftigt. »Eure Ordnung ist unsere Unordnung«, in diesem Ghandi-Zitat steckt viel Wahres. Oft hat westliche Politik gerade nicht dazu beigetragen, Menschenrechte in einer bestehenden Ordnung zu etablieren. Offene Kritik, die bewusste kritische Auseinandersetzung mit der eigenen Geschichte und Gesellschaft – das ist ebenfalls ein ganz reformatorischer Gedanke. Freilich einer, der bei Luther eher zu wenig ausgeprägt war und für den viel mehr Melanchthon oder Erasmus von Rotterdam und die großen reformatorischen Vordenker der Aufklärung stehen, von Thomasius über Kant bis hin zu Habermas heute.

Auf meiner ersten Reise nach Frankreich in einem Citroën 2CV habe ich viel über Europa gelernt. Damals habe ich Europa zu meinem Leitstern gemacht. Deutschland und Frankreich waren Erbfeinde, sind nun aber engste Partner. Daraus dürfen wir Mut schöpfen, müssen uns aber auch realistisch die langen Zeitspannen vor Augen führen, die wir in der Außenpolitik für politische, kulturelle und gesellschaftliche Integration benötigen. Gemeinsamkeiten, wie sie zwischen Frankreich und Deutschland heute bestehen, haben sich aber nicht nur durch politische Prozesse entwickelt, sondern vor allem über den kulturellen Austausch.

Meine Arbeit beruht auf dem Grundgedanken, dass Deutschland gerade angesichts der schwarzen Stunden seiner Geschichte eine Außenpolitik zu verfolgen hat, in der wir durch Verständigung gestalten und nicht durch Macht oder Gewalt. Es ist ganz offensichtlich, dass mich auch hierbei die Reformation begleitet und anleitet. Denn ich bin aus tiefstem Herzen davon überzeugt, dass unsere Freiheit eine Freiheit zu etwas ist. Eine Freiheit, die es uns erlaubt, Verantwortung zu übernehmen. Eine Freiheit, die uns auffordert, zu einer besseren Welt beizutragen. Carolin Emcke hat das in ihrer großen und kämpferischen Rede anlässlich der

Verleihung des Friedenspreises des Deutschen Buchhandels aus einem anderen Blickwinkel so formuliert: »Freiheit ist nichts, das man besitzt, sondern etwas, das man tut.«

Auch in diesem Band sind kritische Stimmen versammelt, die aus ihren Wertvorstellungen und aus ihrem Glauben heraus ihre Stimme erheben und Partei ergreifen, die aus ihrer Freiheit heraus gesellschaftliche Verantwortung wahrnehmen. Mit der Reformation ging auch eine neue, eine gewachsene Verantwortung einher – für uns selbst, aber auch für die Welt, in der wir leben. Es ist an uns, diese Verantwortung anzunehmen.

Frank-Walter Steinmeier, geboren 1958 in Detmold, studierte Rechtswissenschaften und arbeitete zunächst einige Jahre als wissenschaftlicher Assistent an der Universität Gießen, bevor er Anfang der 1990er-Jahre in die Politik wechselte.

In der niedersächsischen Landesregierung leitete er das Büro von Gerhard Schröder und war Chef der Staatskanzlei. Nach dem Regierungswechsel im Bund 1998 wurde er Staatssekretär, bald darauf auch Chef des Bundeskanzleramts. Wichtige rot-grüne Reformprojekte wie der Atomausstieg und die Agenda 2010 liefen bei ihm zusammen.

In der Großen Koalition ab 2005 war er Bundesminister des Auswärtigen, ab 2007 auch Vizekanzler. Von 2009 bis 2013 führte er die SPD-Fraktion und war Oppositionsführer im Bundestag, bis er im Dezember 2013 als Minister ins Auswärtige Amt zurückkehrte.

EINFÜHRUNG

Wir stehen in Deutschland vor großen Herausforderungen. Einerseits beschert eine stabile Wirtschaft hier vielen Menschen Wohlstand. Die Arbeitslosigkeit ist so niedrig wie lange nicht. Deutschland ist ein Wohlstandsland. Dabei darf man allerdings nicht übersehen, dass die Schere zwischen Arm und Reich zunehmend auseinandergeht. Dennoch, im Vergleich zu anderen europäischen Ländern sind die meisten Menschen in Deutschland noch erträglich abgesichert. Von unseren Sozialstandards können weltweit andere Gesellschaften nur träumen.

Andererseits ist eine zunehmende Verunsicherung in der Bevölkerung erkennbar. Wer soll bei sinkenden Kinderzahlen und schrumpfender Bevölkerung einmal für die Renten aufkommen? Wie sollen wir in unserem Land mit Einwanderung umgehen? Können wir in Europa weiter in Frieden leben? Der Blick über die Republik hinaus macht uns deutlich, dass unsere Situation eher einem dauerhaften Ausnahmezustand gleichkommt. Zeitungen und Nachrichten zeichnen ein düsteres Bild: Europa ist zerrissen und in der Krise. Die südeuropäischen Länder befinden sich in tiefen wirtschaftlichen Zerwürfnissen. Das Ringen um die Forderung nach harten Sparkursen und tief greifenden sozialen Reformen auf der einen Seite und der Appell nach mehr Solidarität auf der anderen Seite haben Europa erstarren lassen. Europa, das hat der Bürgerkrieg in Syrien und der daraus hervorgehende Flüchtlingsstrom gezeigt, hat keine gemeinsame und damit belastbare Einwanderungspolitik. Beim Gezerre um Flüchtlingsquoten, Finanzhilfen und Subventionen drohen die gemeinsamen Werte nationalen Interessen zu unterliegen. Krisenmodus im Dauerzustand.

Auch aus dem bejubelten »arabischen Frühling« ist mittlerweile ein kühler, unfreundlicher Herbst geworden. Hunderttausende Menschen fliehen aus ihrer Heimat vor Krieg und Unterdrückung, Not und Verfolgung. Die historisch verwurzelte christliche Bevölkerung wird im gesamten arabischen Raum flächendeckend verdrängt oder zerrieben. Dschihadisten des IS ängstigen die alte Welt mit Terroranschlägen. Der islamistische Terror hat Europa erreicht. Wir sehen, wie vor unseren Augen einst stabile Staaten zerfallen, und akzeptieren, dass Diktaturen das kleinere Übel sind im Vergleich zu den »failed states« – Ländern, in denen Chaos und Gewalt herrschen, Bildung und Gesundheitswesen zusammengebrochen sind und Terroristen ein willkommenes Rekrutierungsfeld für ihre Anhänger gefunden haben.

Die politische Roadmap Europas erinnert an *Alice im Wunderland*. Darin kommt Alice zu einer Weggabelung und sieht eine grinsende Katze in einem Baum sitzen. »Welchen Weg soll ich nehmen?«, fragte das Mädchen. – »Wo willst du denn hin?«, antwortete die Katze mit einer Gegenfrage. – »Ich weiß es nicht«, erwidert Alice. – »Dann«, sagte die Katze, »spielt es auch keine Rolle, wohin du gehst.«

Wohin gehen wir? Woher bekommen wir in unsicheren Zeiten Orientierung, die uns einen Weg in die Zukunft weisen könnte? Welche Werte prägen unsere Gesellschaft oder noch grundsätzlicher gefragt: Gibt es noch eine tragfähige Grundlage, auf die wir uns verlassen können und die uns auch Antworten auf Fragen der Zukunft zu geben vermag?

Die Geschichte des modernen Europa ruht auf drei antiken Säulen: der griechischen Philosophie, dem römischen Recht und der christlichen Tradition. Die Griechen haben uns ein demokratisches Grundverständnis mitgegeben, das dem Bürger viele Rechte, Freiheiten und auch die Verpflichtung gibt, die Gesellschaft mitzugestalten. Das römische Rechtsverständnis hat in Europa dazu geführt, dass wir in Strukturen leben, die ein geordnetes und freies Leben inmitten eines verlässlichen Rechtssystems ermöglichen. Dem Christentum verdanken wir eine Ethik, die dem Einzelnen die Verantwortung für seine Mitgeschöpfe, seinen Nächsten, auferlegt. Die geistigen Urheber des Grundgesetzes der Bundesrepublik Deutschland haben das erkannt und in der Präambel festgehalten:

»Im Bewusstsein seiner Verantwortung vor Gott und den Menschen, von dem Willen beseelt, als gleichberechtigtes Glied in einem vereinten Europa dem Frieden der Welt zu dienen, hat sich das Deutsche Volk kraft seiner verfassungsgebenden Gewalt dieses Grundgesetz gegeben.«

Die Nächstenliebe ist eine dauerhafte Verpflichtung und ein Auftrag für unsere gesamte Gesellschaft, auch wenn die Kirchen, und damit das Christentum als Bewegung, zunehmend an Bedeutung verlieren.

Einzelne Bürger fragen weniger grundsätzlich, sondern möchten pragmatische Antworten, die ihnen helfen, den Alltag zu bewältigen. Sie suchen Antwort auf die Fragen, die die Tagesschau unbeantwortet lässt. Sie suchen Orientierung. Damit rücken die Entscheidungsträger in Politik und Zivilgesellschaft in den Fokus des Interesses. Die Bürgerinnen und Bürger wollen wissen, welche Normen, Werte und Ideen für das gute Zusammenleben in einer offenen Gesellschaft uns in Zukunft tragen sollen und wie die Politik jenseits des Alltagsgeschäftes darüber denkt.

Dieses Buch stellt deutsche Politikerinnen und Politiker vor, die über unterschiedliche politische Grundauffassungen hinweg eines verbindet: Sie anerkennen die Bedeutung eines ethischen Werteverständnisses, das sich aus den christlich-abendländischen Wurzeln speist. Im Gespräch offenbaren sie, welcher Kompass ihrem Handeln zugrunde liegt. Sie geben Einblick in ihre politischen Überzeugungen und über ihr Verständnis von christlichen Werten. Wir haben ihnen Fragen gestellt und sie haben uns geantwortet. Gelegentlich hat uns ihre Offenheit verblüfft. Aus manchem Gespräch gingen wir als Beschenkte.

Immer wieder hören wir bei unseren Tätigkeiten die Vorbehalte und Urteile über Politiker, die oft mit dem Satz beginnen: »Die in Berlin ...« Nicht wenige der Vorwürfe dieser Art mögen unbegründet sein. Das Parlament stellt einen Querschnitt der Bevölkerung dar und ist womöglich keine Versammlung von Heiligen. Dennoch wird von Mandatsträgern erwartet, dass sie Vorbilder sind. Wir meinen, zu Recht.

Wir haben bei unseren Gesprächen und Begegnungen die Entdeckung gemacht, dass sich viele Verantwortungsträger intensiv Gedanken machen, die über den politischen Alltag hinausgehen. Wir haben Abgeordnete getroffen, die nicht nur extrem viel arbeiten und gewissenhaft ihrem Auftrag nachgehen, sondern die bewusst dem Gemeinwohl dienen, dabei aber auch um ihre Grenzen im politischen Alltag wissen. Etliche haben glaubhaft zum Ausdruck gebracht, dass sie unter den oft sehr kleinteiligen Kompromissen demokratischer Abläufe leiden.

Wir sind Menschen begegnet, die viel suchender sind, als sie sich in der Öffentlichkeit darstellen dürfen. Dabei trafen wir auf engagierte Christen aus dem parlamentarischen Gebetskreis, auf bekannte »Promis«, die regelmäßig Gottesdienste besuchen, ohne das bekannt zu machen, und auf Politiker, die persönlich dem christlichen Glauben fernstehen, aber dennoch für die ethischen Grundlagen unseres christlich-jüdischen Erbes dankbar sind. Alle Gesprächspartner hatten eines gemeinsam: die Suche nach tragfähigen Antworten, die Bestand haben.

Die persönliche Begegnung mit Politikern hat uns aber vor allem eines gezeigt: Jenseits der öffentlichen Auseinandersetzungen, abseits der Rednerpulte, der Fernsehkameras und Mikrofone bleiben Politiker Menschen. Menschen mit Gaben, aber auch mit Schwächen. Am Ende ist für uns eines geblieben: Engagierte Politiker, gleich welcher Partei, die sich um das gute Zusammenleben in unserer Gesellschaft ernsthaft mühen, verdienen unsere Achtung.

Martin Knispel und Norbert Schäfer
im Oktober 2016

WOLFGANG THIERSE

Wolfgang Thierse, geboren 1943, ist Germanist und Kulturwissenschaftler. Von 1990 bis 2013 war der SPD-Politiker Mitglied des Deutschen Bundestages. Von 1998 bis 2005 fungierte er als Präsident des Deutschen Bundestages, bis 2013 als dessen Vizepräsident. Der Vater von zwei Kindern ist Mitglied im Zentralkomitee der deutschen Katholiken und Sprecher des Arbeitskreises Christinnen und Christen in der SPD. Thierse ist Schirmherr der Amadeu Antonio Stiftung, die sich gegen Rechtsextremismus, Rassismus und Antisemitismus einsetzt.

DAS GESPRÄCH

Der ehemalige Präsident des Deutschen Bundestages, Wolfgang Thierse, hat nach dem Ausscheiden aus dem Bundestag sein Büro im Schadowhaus in Berlin Mitte. Das Gebäude, im Stil des Klassizismus erbaut, liegt in einer Querstraße zum Prachtboulevard *Unter den Linden,* wenige Minuten Fußweg vom Brandenburger Tor entfernt im Herzen von Berlin. Das wunderschön restaurierte herrschaftliche Haus war einst ein Geschenk des preußischen Königs an Johann Gottfried Schadow, dessen berühmtestes Werk die Quadriga auf dem Brandenburger Tor ist.

Der SPD-Politiker empfängt uns an dem heißen Sommertag in legerem Outfit im ersten Stock des Hauses. Thierse trägt ein weißes Hemd, den obersten Knopf hat er geöffnet, die Ärmel locker umgeschlagen. Aus der Brusttasche des Hemdes lugt ein einfacher Taschenkalender mit dem Emblem des Bundestages. Begeistert führt uns der Hausherr durch das Geschoss, erklärt die Wandfresken und verweist auf Details der Restaurationsarbeiten. Thierses Büro ist in schlichter Eleganz eingerichtet. Keine Spur von Pomp. Eine funktionale Sitzgruppe aus schwarzem Leder, ein ausladender Schreibtisch mit geordneten Unterlagen, eine Pflanze, feine Kunstgegenstände. Die Wände sind von Bücherregalen gesäumt, die unter der Last doppelreihig aufgestellter Bücher ächzen wie die alten Bodendielen. Ein Konterfei des ehemaligen Parteivorsitzenden Willy Brandt, ein Porträt aus dem Atelier von Andy Warhol, wacht über dem Geschehen in dem Raum. Die Atmosphäre in der Politikerwerkstatt ist entspannt und freundlich. Alles atmet hier Wissen, Geschichte, Bildung. Und immer noch viel Arbeit. Das Revier von Wolfgang Thierse, dem »homo politicus«, der Politik mit Leidenschaft lebt und zelebriert.

in Glas Latte macchiato begleitet das Gespräch, das wir mit dem Satz eröffnen: Wir leben heute in einer säkularen Gesellschaft.

Davon will Thierse nichts wissen. »Nein – vielmehr leben wir in einer pluralistischen Gesellschaft, in der ohne Zweifel Christen nicht mehr die Dominanz beanspruchen können, sondern wo Weltanschauungen, und dazu gehören nach meiner Ansicht auch Atheismus und Agnostizismus, gleichberechtigt nebeneinanderstehen. In dieser modernen Gesellschaft leben die Christen und sind Teil von ihr. Sie stehen nicht außerhalb, aber auch nicht über den anderen. Das bedeutet auch, dass sie sich am Streit in der Gesellschaft beteiligen müssen. Das ist ihre Pflicht, nicht als die Dozierenden oder Kommandierenden oder Belehrenden, aber die sich mit Verstand und Intelligenz und Selbstbewusstsein beteiligen sollen«, erklärt er und appelliert: »Schauen wir also bitte genau hin, wenn wir von Säkularismus sprechen.«

Der ehemalige Bundestagspräsident holt dann weit aus. Die Präambel des Grundgesetzes, in der von der Verantwortung vor Gott und den Menschen die Rede ist, sei auch für Agnostiker und Atheisten erträglich. »Damit ist ja gemeint, dass Politik eben keinen Absolutheitsanspruch erheben darf. Es gibt jenseits von Politik noch etwas anderes, das Christen mit Gott identifizieren, andere möglicherweise mit einem höheren Sittengesetz oder einem anderen Absoluten, das die Politik selbst relativiert.«

Thierse ist das auch biografisch wichtig, weil er im kommunistischen Teil Deutschlands aufgewachsen ist, wo Politik und SED eben absolut gesetzt und keine Instanz mehr zugelassen wurde, die die Politik relativierte.

Als Bundestagspräsident, so führt er aus, übernahm er schließlich ein Leitungsamt und damit eine herausgehobene Verantwortung als zweiter Mann im Staat nach dem Bundespräsidenten. Aber, und auch das überrascht, die Verantwortung gilt aus seiner Sicht für einen christlich geprägten Politiker nicht anders als für einen Politiker ohne Glauben. »Alle nehmen Verantwortung für das Gemeinwesen und für das Wohl des Menschen wahr. Aber Christen kennen eben eine wichtige Unterscheidung. Sie sind verantwortlich für das Wohl und nicht für das Heil der Menschen. Und dieser Unterschied ist wichtig«, sagt Thierse. Denn wenn die Politik in diesen letzteren Bereich eingreifen würde, also in das innere Sehnen und Wünschen des Menschen, dann übernähme sie sich und würde gefährlich, würde sogar autoritär, wie das auf gänzlich unterschiedliche Art und Weise das Nazireich und die kommunistische Weltdiktatur gewesen seien. Christliche Politiker wollen nicht in jede Facette des Lebens von Personen eingreifen und dirigieren, sondern sie übernehmen Verantwortung für das Wohl und für soziale Gerechtigkeit der Menschen. »Christliche Politiker haben aber auch ein besonderes Bewusstsein von der Relativität und Begrenztheit ihres Tuns«, bekennt Thierse.

Wir werfen ein, dass es im politischen Alltag aber auch unter christlichen Politikern manchmal ganz schön zur Sache geht.

»Das finde ich nicht sonderlich schlimm. Streit gehört eben zur Demokratie, und wer das beklagt, hat Demokratie nicht begriffen. Nur in einer Diktatur gibt es Friedhofsruhe.« Aber als Christ wünscht er sich schon, dass dieser Streit nach Regeln der Fairness abläuft und dass man nicht das Gegenüber als Menschen verletzt.

Das Gespräch nimmt nun eine ganz unerwartete Wendung. Der Politiker wird persönlich und erzählt ganz ruhig, wie es ihm in einer schweren Entscheidung gegangen ist:

In der Spendenaffäre der CDU war er 1999 durch sein Amt gesetzlich dazu verpflichtet, den Verstoß gegen das Parteiengesetz und gegen die Verfassung zu ahnden. Die CDU hatte sich unter der Führung von Helmut Kohl schuldig gemacht, indem sie illegal Spenden angenommen hatte. Er musste als Präsident des Bundestages handeln, ob er wollte oder nicht. Er habe sich dann intensiv beraten lassen und schließlich eine Entscheidung getroffen. Dass die Strafzahlung den Kollegen der CDU nicht gefallen würde, war für ihn verständlich. »Verletzend wurden dann aber persönliche Angriffe, in denen meine Glaubwürdigkeit infrage gestellt wurde.«

Man spürt im Gespräch, der Thierse ist noch heute betroffen von dem, was er damals erlebte. »Man hat gegen mich geklagt und in allen Instanzen habe ich dann gegen die CDU vor Gericht recht erhalten. Das alles hat mich schon verletzt. Kritik hat man immer hinzunehmen, aber als Person darf man nicht in dieser Weise diskreditiert werden.« Sein Fazit fällt deshalb ernüchternd aus:

»Ich habe die Erfahrung gemacht, dass christliche Politiker leider nicht fairer oder sanfter mit anderen umgehen. In der Sache soll man hart und auch polemisch argumentieren, es darf aber nicht verletzend und herabwertend werden.« So viel zu den Schattenseiten des politischen Alltags.

Und doch sei der Glaube, auf den man sich in solch einer Situation zurückziehen könne, für ihn eine große Hilfe. Dazu kommt die Familie. Und der Freundeskreis, in dem man aufgehoben ist. Und die Überzeugung, dass Politik nicht alles ist. Er sei aufgrund seiner ostdeutschen Vergangenheit ja erst mit 47 Jahren Politiker geworden und empfände das heute noch als Glück. »Ich war vorher schon ich selbst, ich kannte ein Leben außerhalb der Politik und konnte deshalb nicht so schnell aus den Latschen kippen.«

Aber die eine Überzeugung bleibt, nämlich ein letztes Vertrauen darauf zu haben, dass nicht die eigene Wichtigkeit entscheidend ist.

Angesprochen auf seine politische Biografie, erzählt Thierse von seinem Elternhaus und der DDR:

Von Kindesbeinen an sei er von seinen Eltern, besonders dem Vater, politisiert worden. »Mein Vater war ein politisch denkender Mensch, der unter der Begrenzungs- und Unfreiheitserfahrung der DDR gelitten hat.« Schon als Kind fing er an zu fragen: Warum ist das so? Wie kann man das ändern? Mit wem zusammen? Das wurden für ihn später die drei wichtigsten politischen Fragen. Dazu kam die Minderheitserfahrung, weil er mit dem System im Osten nicht einverstanden war, in dem zu leben er gezwungen war.

»Das musste mich ja politisch machen! Aber ich habe in der DDR selber nie eine Gelegenheit gesehen, im öffentlichen Sinne politisch zu werden, indem ich etwa in die SED oder die Blockpartei CDU eintrat. Denn ich wusste immer, dass man in der DDR – einem unfreien und engen Land, in einem Land des Mangels – nicht selbstbestimmt Politik machen kann.«

Aus diesen biografischen Einsichten formte sich dann auch eine Bibelstelle, die ihm unter anderen Texten besonders viel bedeutet. Es ist die Rede Jesu von den Lilien auf dem Felde und den Vögeln im Himmel.

»Ich verstehe sie als eine wunderbare Einladung zu einer letzten Gelassenheit und eine Befreiung von Selbstüberschätzung und Selbstüberforderung. Das sind ja die beiden Gefahren, denen Politiker ausgesetzt sind. Für alles zuständig zu sein, alles lösen zu können. Das ist eine Überforderung. Wenn man sich nicht immer wieder davon frei machen kann, endet man entweder im Zynismus oder im Alkoholismus. Eines ist mir in der Politik immer wichtig gewesen: dass mich etwas anderes trägt. Ich war nie so vollständig auf die Zustimmung der anderen angewiesen. Mich hat eben ein Leben lang auch die Minderheitserfahrung aus der DDR geprägt.«

Die Zeit an diesem Nachmittag vergeht zu schnell. Klimawandel, EU-Osterweiterung, die aktuellen Kriege und Krisen. Wie geht man als Politiker mit dieser Menge an Informationen um, die jeden Normalbürger zu erdrücken droht?

Ja, der Eindruck sei nicht ganz falsch, meint Thierse. »Politik ist in der Tat getrieben. Die rasanten Entwicklungen der letzten Jahre haben eine Beschleunigung bei Entscheidungen mit sich gebracht, die schwer zu ertragen und politisch kaum einzuordnen sind«, gesteht er ein. Gerade die Globalisierung als völlige Entgrenzung unserer Welt sei dafür ein treffendes Beispiel. Sie habe eine große Beschleunigung in der Arbeitswelt und der Finanzwelt zur Folge und entwickle eine geradezu gespenstische Dominanz der Finanzwelt. Demgegenüber habe Politik gar nicht die Gestaltungskraft und den Raum, um überhaupt noch eingreifen zu können. »Es gibt eigentlich keine wirksame globale Politik und die UNO, die ja dafür gedacht war, ist so was von schwach und zerstritten!« Thierse findet deutliche Worte.

Wenn man dann die Flüchtlingsbewegung als eine Folge der Globalisierung beleuchte, erkenne man, dass es sagenhaft schwierig sei, das zu steuern, ohne dabei in Unmenschlichkeit zu verfallen. Dazu komme noch der zunehmende Rechtsextremismus, der religiöse Fundamentalismus und der sich verschärfende Gegensatz zwischen Arm und Reich. »Das ist eine solche Fülle von Problemen, die jeden normalen Menschen beeindrucken und ängstigen muss.«

Die Politik mit ihren Institutionen und Strategien komme einfach nicht in die Nähe der Reichweite dieser Entwicklung, sagt Thierse. Die Politik könne dieses Tempo auch nicht einschlagen. »Man sieht am Beispiel der Europäischen Union, wie schwierig es ist, wenn Entscheidungen getroffen werden, wie unsäglich langsam es geht, weil die Interessen so unterschiedlich sind.« Das Missverhältnis zwischen dem Tempo der Prozesse in Wirtschaft und Gesellschaft einerseits und der Langsamkeit demokratisch-politischer Prozesse andererseits erzeuge Ungeduld, Misstrauen und Verachtung gegenüber der Demokratie. In dieser Situation befänden wir uns. »Wir sind mit der Demokratie in einer Übergangszeit, die voller politischer Krisen steckt.«

Denn eines sei ja auch klar. Es gebe wirtschaftliche Fortschritts-modelle auch ohne Demokratie, etwa in China. »Ein Land mit gigantischer Entwicklung, aber ohne Demokratie und Freiheits-rechte der Individuen.« Die »Attraktivität Chinas« sei ja auch eine Infragestellung des europäischen Modells. Das US-amerikanische Modell habe nach seiner Meinung ebenfalls keine vergleichbare Sozialstaatlichkeit wie Europa, wenngleich die USA ein freies Land sind. Thierses Fazit: »Unser Erfolgsmodell ist heute angefochten, und zwar durch innere Krisen und durch die Härte des globalen Wettbewerbs.«

Leider müsse er seinem Parteifreund, dem Protestanten Frank-Walter Steinmeier mit seiner Aussage, die Welt sei aus den Fugen geraten, zustimmen. »Eigentlich kann nur Gott uns helfen angesichts der Verwerfungen unserer Tage. Aber selbst wenn das so ist, dann heißt das auch, dass Gott den Menschen braucht.« Wer von Gott redet, der müsse auch davon sprechen, dass sich Menschen, die vor Gott stehen, für den Frieden, für den Ausgleich, für die Gerechtigkeit einsetzen. »Gott bleibt angewiesen auf den Menschen. Deshalb weiß jeder Christ, dass er verantwortlich ist und mit Leidenschaft handeln muss und dass er zugleich dafür betet, dass das, was ihm nicht gelingt, vielleicht doch noch gut ausgeht.« Denn die Relativität des eigenen Handelns dürfe nicht zu Resignation und Bequemlichkeit führen.

Auf einen Einwurf, die Politik habe sich aus Sicht vieler Bürger schon längst in die Arena der Talkshows verlagert, wird er noch einmal energisch.

Man müsse auf den Unterschied zwischen Politik und Show hinweisen und den Zuschauern sagen: »Das im Fernsehen ist Unterhaltung. Das ist nicht die Normalität. Ihr seid auch nicht politisch, indem ihr in euren Sesseln hockt und Bier trinkt und zuseht, wie die dort quatschen.« Da erscheine Politik auf einmal ganz leicht. »Die wirkliche Politik dagegen ist oft klein, grau und hässlich, schweißtreibend und enttäuschungsbehaftet.« Es gebe leider eine systematische Verzerrung der wirklichen Politik durch das Unterhaltungsmedium Fernsehen.

Inzwischen sei aber das Fernsehen nicht mehr das entscheidende Medium. Das Internet und die Sozialen Medien seien noch viel widersprüchlicher, dort seien Bedrohung, Verunglimpfung, die Verbreitung extremistischer Inhalte oder die Androhung von Gewalttaten an der Tagesordnung. Die Verletzbarkeit der Würde des Menschen durch die Sozialen Medien habe eine bislang nicht da gewesene Form erreicht. Sogenannte Hasspostings, die über die sozialen Netzwerke und das Internet verbreitet würden, nähmen stetig zu.

»Das Internet ist ein globaler Stammtisch. Früher konnte man in der Kneipe hocken und schwadronieren und auf die da oben schimpfen und sie niedermachen. Das war eine Art politischer Stuhlgang. Ein Ventil. Danach war der Frust jedoch erledigt.« Jetzt finde das alles im Internet statt mit unerhörten Verstärkereffekten. Die politische Kommunikation läuft seiner Beobachtung nach nur noch innerhalb von bestimmten Meinungsgruppen ab. »Man liest nicht mehr die Zeitung, in der man sich mit unterschiedlichen Meinungen konfrontiert sieht und auch Informationen erhält, die man gar nicht gewollt hat, sondern man ist unter sich und bestätigt sich wechselseitig.« Die Bestätigung der eigenen Meinung, die Reproduktion der eigenen Vorurteile, führe letztlich zu einer Radikalisierung.

Dies seien insgesamt gefährliche Entwicklungen, weil die Demokratie von der Informiertheit der Bürger lebt und von der Fähigkeit, sich an der politischen Kommunikation zu beteiligen – aber an einer Kommunikation, die verschiedene Positionen einbezieht, nicht nur die eigene. Thierse wünscht sich deshalb, dass die Demokraten – je jünger, je eifriger – im Internet dagegenhalten. Es müssten viele Einzelne widersprechen, ihre Positionen beziehen. Das halte er für sinnvoll, allerdings koste das viel Lebenszeit, die er nicht mehr habe.

»Je älter man wird, desto pfleglicher muss man mit seiner Lebenszeit umgehen. Ich werde sie nicht mehr dem Internet schenken, weil ich keine Lust habe, sie anonymen Menschen zu schenken.«

Wolfgang Thierse schaut auf ein reiches und erfülltes Leben zurück. Ein Leben in zwei Staaten, in denen er sich jeweils eine eigenständige Existenz aufgebaut hat. Wie bewertet er im Rückblick den eigenen Glauben, wollen wir von ihm wissen.

Thierse antwortet humorvoll. »Katholischer Christ bin ich, seit ich getauft bin, Sozialdemokrat wurde ich erst später. Die frühe Prägung hat ein Leben lang angehalten, in allen Anfechtungen und Zweifeln. Glauben heißt ja auch immer, mit den eigenen Zweifeln und Unsicherheiten und mit dem Ärger über die eigene Kirche zu leben. Ich sage immer: Katholisch zu sein heißt auch, mit dem Ärger zu leben. Das ist die Verwandtschaft zwischen katholischer Kirche und Sozialdemokratie.« Der Glaube sei ein tragendes Element seines Lebens geworden und geblieben, sagt Thierse. »Ich erkläre das immer biografisch. Ich bin aufgewachsen mit Minderheitserfahrungen, als Schlesier in Thüringen, als katholischer Christ unter evangelischen Christen, als Christ unter lauter Nichtchristen, als Nicht-SED-Mitglied unter lauter SED-Mitgliedern. Im Rückblick bilde ich mir ein, dass ich damit einigermaßen gut fertiggeworden bin – den einfachen Lehrsatz meines Vaters im Kopf: *Wenn andere etwas tun, muss es noch lange nicht richtig sein. Du musst selbst herausfinden, was gut oder richtig ist, und es dann tun.* Mit dieser Richtschnur kann man gut leben. Dann ist man auch konfliktfähiger, gerade wenn man Niederlagen verkraften muss. Der christliche Glaube zeichnet sich dadurch aus, dass er den Menschen dazu befähigt, mit Scheitern und Irrtum fertigzuwerden.«

FRIEDRICH OSTENDORFF

Friedrich Ostendorff, Jahrgang 1953, verheiratet, eine Tochter. Seit 1969 ist er Bauer mit einem eigenen Hof, der seit über 30 Jahren auf Ökowirtschaft umgestellt ist. Seit 2002 sitzt er mit Unterbrechungen für Bündnis 90/Die Grünen im Bundestag und engagiert sich für eine natürliche Landwirtschaft und gegen Massentierhaltung. Seit 2011 ist er stellvertretender Vorsitzender des Ausschusses für Ernährung, Landwirtschaft und Verbraucherschutz.

DAS GESPRÄCH

Friedrich Ostendorff ist ein echter Grüner aus Schrot und Korn. Er gehörte zu den ersten Bauern, die sich schon in den 70er-Jahren des letzten Jahrhunderts für Ökologie einsetzten und dann konsequent »vor der eigenen Haustüre gekehrt haben«. Der eigene Hof wurde ökologisch umgebaut, aber das reichte ihm nicht aus. Er begann, sich in verschiedenen »grünen« Organisationen zu engagieren und kam auf diesem Weg in die Politik. Dort beschäftigt er sich mit Grundsatzthemen wie Agrarsubventionen und Klimaschutz, aber auch mit so speziellen wie dem »Schnäbelkürzen von Hennen und Puten«.

Wir befragen den »grünen Bauern« zu seinen Werten und seinem christlichen Hintergrund und beginnen damit, wie er zur Präambel des Grundgesetzes steht.

Ostendorff findet diesen Passus des Grundgesetzes so vorzüglich formuliert, weil trotz der absolut richtigen und unstrittigen Säkularisierung ein gewisser Raum bleibe, um die Worte mit persönlicher Spiritualität zu füllen. Seine ganz persönliche Interpretation beinhalte, dass er als gläubiger Mensch nicht nur der Gesellschaft verpflichtet sei und sein ethisches Grundverständnis vom Handeln und von den möglichen Konsequenzen seines Handelns über den kategorischen Imperativ weit hinausgehe. »Für mich gehört die Nächstenliebe beispielsweise zu einer der grundlegenden und gleichzeitig schwierigsten Aufgaben, mit der ich mich als Christ konfrontiert sehe. Bei der Liebe zum Nächsten geht es um mehr als nur darum, die Freiheit eines jeden Einzelnen zu akzeptieren, die Rechte und Pflichten in der Gesellschaft zu leben und die Werte der demokratischen Grundordnung zu verteidigen. Sie bedeutet auch, sich immer wieder mit den eigenen Grenzen auseinanderzusetzen.«

Als engagierter Landwirt und Mitglied von Bündnis 90/Die Grünen legt Ostendorff einen besonderen Schwerpunkt auf eine, wie er es nennt, »schöpfungsorientierte Politik«. Wir wollen wissen, was man sich darunter konkret vorstellen muss – jenseits von »Veggie-Day« und grünen Spezialthemen.

In der Agrarpolitik ginge es letztlich um die Grundsätze des Menschseins: Unter welchen Bedingungen sollen unsere lebensspendenden Nahrungsmittel produziert warden? Wie gehen wir mit der Verantwortung über die endlichen Ressourcen unseres

Planeten um? Wie stark dürfen wir unsere Interessen über die anderer Mitgeschöpfe stellen? Dabei bestehe die Herausforderung auch oft darin, nicht nur die eigenen Interessen durchzusetzen, sondern die eigenen Grenzen der Einflussmöglichkeit ebenfalls anzunehmen. Das erfordere schon ein gewisses Maß an Demut, eine gehörige Portion Geduld und den unerschütterlichen Glauben an die Werte und Ideen, die man selbst vertrete. Er sei froh, sagen zu können, dass ihm das Geduldigsein mittlerweile doch erheblich besser gelänge als in seinen jüngeren Jahren.

Als Bauern dagegen dürfen seine Frau und er auf ihrem Betrieb die Freiheit genießen, die Ideen einer schöpfungsorientierten, nachhaltigen und tierfreundlichen Landwirtschaft tagtäglich zu leben. Sie hätten schließlich schon vor mehr als 30 Jahren den Betrieb auf die ökologische Wirtschaftsweise umgestellt. »Da galt man damals fast als geisteskrank!«, so Ostendorff. Der Umgang mit der Natur und den Tieren und die Dankbarkeit für das, was die Natur uns gibt, hätten ihn und seine Frau aber einfach sehr stark geprägt. »Alte Bauern sagten früher: *Wenn ich vor der Ernte über ein gereiftes Getreidefeld gehe, nehme ich meinen Hut ab.* Solch ein Satz bewegt mich.«

Spätestens nach dieser Aussage gewinnt man den Eindruck: Hier ist einer, der das, was er politisch umsetzen möchte, auch mit ganzer Überzeugung lebt. Doch Ostendorff ist nicht nur überzeugter Ökolandwirt, sondern auch überzeugter Christ. Er trifft sich mit anderen Parlamentariern regelmäßig im Gebetskreis, der für ihn eine große Rolle spielt.

Es sei schon richtig, die parlamentarischen Sitzungswochen verlangten ihm einiges ab. Seien es eigene Reden im Plenum, hitzige Debatten um eingebrachte Initiativen im Agrarausschuss, interne

Diskussionen zu weiteren Strategien der eigenen Arbeit oder Verpflichtungen bei Abendterminen und Interviews. Von morgens früh bis abends spät sei man unterwegs und komme kaum zur Ruhe.

Einerseits ginge es darum, eigene Vorstellungen und Ideen zu präsentieren und für Mehrheiten zu werben; andererseits gelte es aber auch, schnell und dennoch angemessen auf aktuelle Impulse zu reagieren. »Ich habe nun schon einige Jahre im Politikzirkus auf dem Buckel und bin mit den Gegebenheiten im Bundestag, mit der Art und Weise, wie Argumente ausgetauscht werden, gut vertraut. Dennoch oder gerade deswegen genieße ich es sehr, beim Gebetsfrühstück offen und vertraulich mit meinen Kolleginnen und Kollegen aller Fraktionen auf eine ganz andere Art zu sprechen. Es erdet mich, am frühen Morgen über Themen wie Vergebung zu sprechen oder über Schicksalsprüfungen, vor die das Leben einen manchmal stellt. Dort können wir Politiker in einem geschützten Rahmen auch einmal weniger hart sein und Schwächen zulassen.«

Wir reden mit Ostendorff über wertkonservative Themen wie den Erhalt der Schöpfung und fragen nach, wie er denn mit der Spannung umgeht, wenn es in anderen politischen Feldern bei den Grünen sehr progressiv zuginge, etwa wenn es um die deutlichere Trennung von Kirche und Staat geht. Denn wir sähen schon Tendenzen grüner Politik, die dem christlichen Glauben nicht gerade positiv gegenüberstünden.

Ostendorff lacht. »Der Begriff *Spannung* impliziert einen tendenziell negativen Zustand, der sich irgendwann entladen muss. Grüne Politik würde ich nicht grundsätzlich so sehen. Für mich bedeutet die angesprochene Bandbreite die Fähigkeit, sich inhaltlich sorgfältig mit den aktuellen Herausforderungen Deutschlands, Europas und der Menschheit auseinanderzusetzen und Lösungen zu suchen, ohne dabei vor Neuerungen zurückzuscheuen. Das regelmäßige Hinterfragen eigener Standpunkte und diese gegebenenfalls auch anzupassen, das ist für mich verantwortungsvolle und glaubwürdige Politik und zeichnet meine Partei aus. Und als Basis für alle Entscheidungen und Programme dient die grundsätzliche grüne Haltung: die unumstößliche Wahrung des Geistes der Menschlichkeit, der Menschenrechte und der Menschenwürde für jetzt und für zukünftige Generationen. Hier sind auch Schnittmengen zwischen einem christlichen und eher humanistischen Ansatz zu finden.«

Politiker sein bedeutet, Verantwortung für das gute Miteinander in der Gesellschaft zu übernehmen. Wir wollen von ihm wissen, wie das für ihn konkret aussieht, versteht doch jeder etwas anderes darunter.

Ob das Zusammenleben gelingt und mehr ist als ein zähneknirschendes Nebeneinanderher, zeige sich vor allem im Umgang mit Spannungen und Konflikten. Glücklicherweise sei er seiner Sturm-und-Drang-Zeit entwachsen und durchaus bereit, andere Meinungen anzuhören und zu überdenken. Das sei in seiner politischen Heimat nicht selbstverständlich, bekennt er schmunzelnd. In der Agrarpolitik z. B. seien die ideologischen Lager sehr stark voneinander abgegrenzt, es würde immer mit sehr harten Bandagen argumentiert und Vorschläge des politischen Gegenübers kategorisch abgelehnt. Nicht, weil die Inhalte nicht zielführend seien, sondern weil sie eben von den Grünen kämen. Das störe ihn dann schon.

Ostendorff erzählt uns dazu ein Beispiel aus dem Alltag eines grünen Politikers und Landwirts. Er habe in seinem Wahlkreis eine Gruppe von Schweinehaltern zusammengeführt, in der sie sich untereinander austauschen. Es seien ganz unterschiedliche Betriebe vertreten: konventionelle, ökologische, große und kleine. Man träfe sich, besuche gegenseitig die Betriebe und diskutiere über die Zukunft der Tierhaltung. Dabei würden Argumente oftmals recht heftig ausgetauscht. Doch immer ginge es um die Sache selbst und der Respekt vor den anderen bliebe gewahrt. Man kenne sich und habe auch ein gewisses Grundvertrauen aufgebaut. »Diese Treffen sind mir sehr wichtig, denn ich bin überzeugt, dass die Bäuerinnen und Bauern gemeinsam sehr viel mehr erreichen können, als wenn sie gegeneinander arbeiten.«

Wir wechseln das Parkett und befragen den Grünen zum Islam. Wie er die Gefahr eines drohenden Islamismus einschätze?

Erst einmal stelle eine Religion für ihn keine Gefahr dar. Mit der Frage nach der Auslegung von Religion, wo der Glaube anfängt und wo er aufhört, könne allerdings Missbrauch betrieben werden. Wenn Menschen sich aber mit ihrer Glaubensausrichtung über andere stellten, weil sie ihre eigene Ansicht für die einzig wahre halten, dann werde es schon gefährlich. Religiösen Fanatismus lehne er in jedem Fall ab, denn das habe mehr etwas mit kriminellem Ehrgeiz als mit Gläubigkeit zu tun. »Ich sehe eine Gefahr, wenn sich Menschen wissentlich nicht an das Grundgesetz halten und nicht die Werte teilen, die wir uns erstritten haben. An diesem Punkt muss ein Staat seine Stärke zeigen, um den gesellschaftlichen Zusammenhalt zu bewahren. Religionsfreiheit, Gleichberechtigung, individuelle Freiheit, das sind für mich Werte, die nicht verhandelbar sind. Dafür muss man einstehen ganz im Sinne von Carlo Schmid, einem der Väter des Grundgesetzes: *Man muss auch den Mut zur Intoleranz gegenüber denen aufbringen, die die Demokratie dazu gebrauchen wollen, um sie umzubringen.«*

Im Blick auf die praktischen Konsequenzen dieser Einstellung seien die Folgen daraus eigentlich einfach. Es gelte das Grundgesetz und die darin festgeschriebene Religionsfreiheit. Das sei schließlich unsere Basis, die kompromisslos gelte. »Dadurch ist die persönliche Freiheit des Einzelnen geregelt, das ist schon sehr viel und ein nicht zu unterschätzender Wert. Dennoch muss ich ergänzen, dass meine Wunschvorstellung vom Zusammenleben etwas weiter geht. Denn es ist das eine, friedvoll in einer Gesellschaft zu leben und Andersdenkende und Andersglaubende zu akzeptieren. Dennoch wäre es doch wünschenswert, wenn aus einem friedvollen Nebeneinander ein heiteres Miteinander entstehen könnte. Nichts schützt besser vor Intoleranz und Hass und schafft nachhaltiger Respekt und Verständnis als gemeinsame Erfahrungen, Diskussionen und Einblicke in andere Lebensentwürfe. Letzten Endes eint uns doch unendlich viel mehr, als uns trennt.

Der Politiker und Bauer Ostendorff zieht aus all dem ein klares und eindeutiges Bekenntnis.

»Wissen Sie, ich bin ein gläubiger Christ. Dieses Bekenntnis lege ich nicht ab, dazu stehe ich. Sowohl wenn ich den Bundestag betrete als auch wenn ich unseren Hof bewirtschafte und mit der Natur und den Tieren umgehe. Mein Glaube bestärkt mich bei meiner Arbeit, wenn ich beispielsweise für einen besseren Umgang mit unseren Mitgeschöpfen kämpfe. Denn ich bin der tiefen Überzeugung, dass wir den Tieren, die uns als wertvolle Lebensmittel dienen, einen respektvollen Umgang schuldig sind. Es ist widernatürlich, Tiere in enge Ställe zu sperren, sie ihrer arteigenen Lebensfreude zu berauben und dann ihr Fleisch oder die Milch zu Dumpingpreisen zu verramschen. Die Wertschätzung von Lebensmitteln ist für mich ein drängendes Anliegen, das sehr viel mit dem Verständnis vom Bewahren der Schöpfung zu tun hat.«

Zum Schluss erinnert er uns an ein altes Wahlplakat der Grünen, auf dem zu lesen war: »Wir haben die Erde nur von unseren Kindern geborgt.« Dies sei immer noch aktuell, für ihn als verantwortungsbewussten Landwirt und als Christ.

© Harry Weber

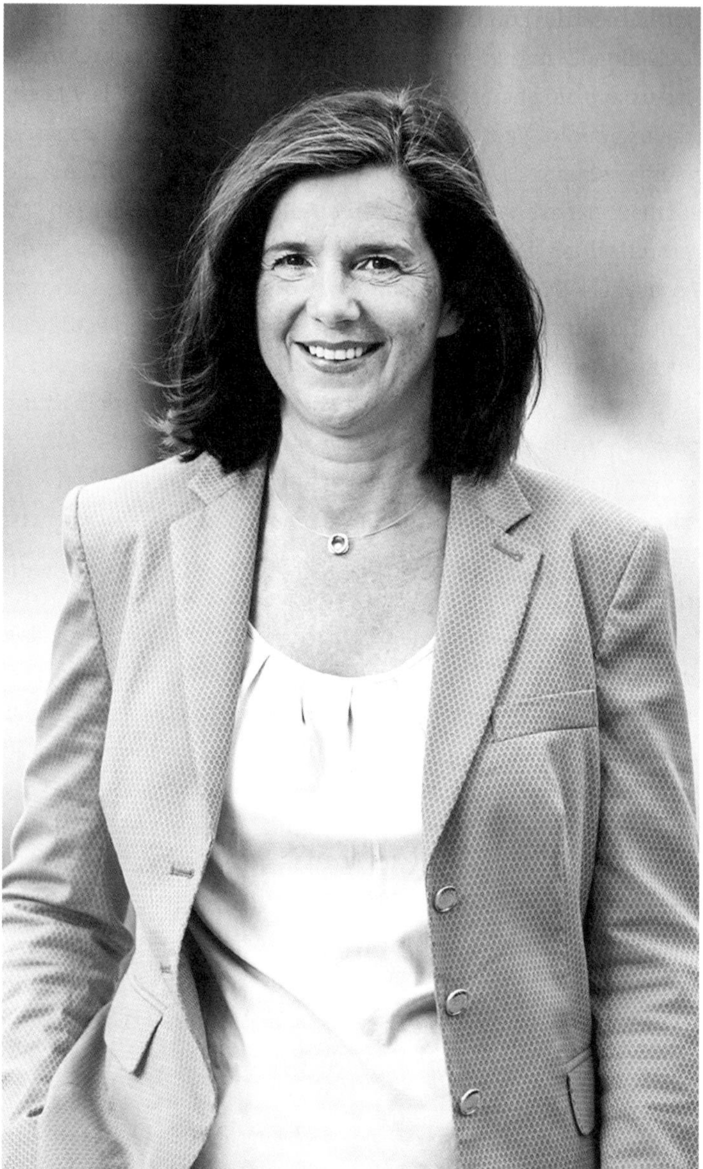

KATRIN GÖRING-ECKARDT

Katrin Göring-Eckardt, Jahrgang 1966, ist ostdeutsche Spitzen-
politikerin der Fraktion BÜNDNIS 90/DIE GRÜNEN. Nachdem
sie acht Jahre Vizepräsidentin des Deutschen Bundestages war,
wurde sie gemeinsam mit Jürgen Trittin 2013 Spitzenkandidatin
ihrer Partei für die Bundestagswahl. Seit 2013 ist sie gemeinsam
mit Anton Hofreiter Vorsitzende ihrer Bundestagsfraktion.

Ihr kirchliches Engagement führte sie in das Amt der Präses
der Synode der EKD, das sie vier Jahre bekleidete. Neben etlichen
Ehrenämtern ist sie Präsidiumsmitglied des Deutschen Evangelischen Kirchentages. Sie hat zwei erwachsene Söhne und lebt getrennt von ihrem Mann.

DAS GESPRÄCH

Katrin Göring-Eckardt gehört zu jenen ostdeutschen Politikerinnen, die die friedliche Revolution 1989 aktiv mitgestaltet haben.
Sie gehörte zu den Gründungsmitgliedern von »Demokratie Jetzt«.
Über die oft typischen Stationen Mitarbeit in der Landtagsfraktion, Landessprecherin, Mitarbeiterin eines Abgeordneten folgte
1998 die eigene und erfolgreiche Kandidatur in den Deutschen
Bundestag. Dort gilt sie heute als eine eher pragmatisch und ru-

hig auftretende Abgeordnete und wird dem sogenannten »Realo-Flügel« zugeordnet. Ihr eigener christlicher Hintergrund und das eher bildungsbürgerliche Milieu, aus dem sie kommt, macht sie prädestiniert für Wähler und Wählerinnen, die aus dem eher wertkonservativen Bereich der Gesellschaft kommen. Es wird ihr nachgesagt, dass sie geeignet sei, in Zukunft an einer möglichen schwarz-grünen Koalition zu schmieden.

Man darf sich in Katrin Göring-Eckardt aber nicht täuschen. Ihr Einstehen für gleichgeschlechtliche Partnerschaften gerade auch im kirchlichen Bereich und ihre scharfe Kritik an Angela Merkel, die von Migranten türkischer Herkunft Loyalität zu unserem Land eingefordert hatte, lässt eher konservative Bürger aufhorchen. Wofür steht die Politikerin? Für uns war sie deshalb eine interessante Gesprächspartnerin und wir waren gespannt auf ihre Antworten.

Wir wollen von ihr wissen, wie sie im Rückblick auf ihr Leben in der DDR die Rolle der Kirchen im Auflösungsprozess der beiden deutschen Staaten beurteilt. Sie war früh mit der Kirche in Berührung gekommen, hatte sogar Theologie studiert und war somit eng mit dem christlichen Widerstand verwoben.

Die DDR habe sich nicht einfach aufgelöst, so Göring-Eckardt. Vielmehr seien Demokratie und Freiheit mit großem Einsatz und unbedingtem Willen durch mutige Menschen errungen worden. Viele Aktivisten waren christlich geprägt und ohne das schützende Dach der Kirchen wären die Veränderungen so nicht möglich gewesen. »Hier sammelten sich seit den frühen 1980er-Jahren die Friedensaktivisten und Umweltbewegten, hier konnten offene

Worte gewagt und Visionen von Freiheit werden. Und nicht von ungefähr wurden 1989 eben die Kirchen zu zentralen Orten der friedlichen Revolution.« Man könne deshalb schon sagen, dass die Kirchen mit ihren Gebeten und Kerzen einen wesentlichen Impuls, wenn nicht gar den wesentlichen Impuls zum Zusammenbruch der DDR gesetzt hätten.

Das Christentum ist in Deutschland eher auf dem Rückzug. Die Kirche hat sich leider in den neuen Bundesländern nicht als gesellschaftsprägende Kraft erwiesen. Wir haken deshalb nach und verweisen auf die Präambel des Grundgesetzes. Dort heißt es: »Im Bewusstsein seiner Verantwortung vor Gott und den Menschen« sei dem deutschen Volk diese Verfassung gegeben. Was sagt diese Formel aus ihrer Sicht aus über das Verhältnis von Kirche und Staat angesichts einer zunehmenden Säkularisierung?

»Um über das Verhältnis von Kirche und Staat zu sprechen, sind die Artikel 136 bis 141 der Weimarer Verfassung maßgeblich, die 1949 Bestandteil des Grundgesetzes wurden. Dort sind die religiöse Neutralität des Staates und das Recht zur freien Religionsausübung geregelt. Das Gute daran ist gerade, dass diese Regelungen tragfähig sind, unabhängig von religiösen Mehrheits- oder Minderheitsverhältnissen in der Gesellschaft, die 1949 andere waren als heute. Artikel 136 legt auch fest, dass niemand zur Benutzung einer religiösen Eidesformel gezwungen werden darf. Insofern freue ich mich persönlich über jede Inhaberin und jeden Inhaber eines politischen Amtes, der sich auch in einer Verantwortung Gott gegenüber sieht. Aber das macht sie nicht zu besseren oder schlechteren Politikern oder Politikerinnen. Und sich Gott verantwortlich zu wissen ist auch keine Bedingung oder Voraussetzung dafür, eine gute Demokratin oder ein engagierter Demokrat zu sein.«

Verantwortung übernehmen und Entscheidungen treffen bedeutet in der Politik oft nicht die Wahl zwischen Richtig und Falsch, sondern für »das kleinere Übel«. Der Kompromiss steht oft am Ende eines Entscheidungsprozesses. Wir fragen, ob sie denn noch ruhig schlafen konnte, als eine rot-grüne Bundesregierung Militäreinsätze in Osteuropa genehmigt hat? Schließlich trug man damals eine riesige Verantwortung für Menschenleben in einem Krieg.

Ihr Verständnis von Politik sei nicht derart defizitär, wie die Frage vermuten lasse. Sie streite für Lösungen, die sie für gut und angemessen halte, sie versuche immer, andere Menschen von ihrer Sicht zu überzeugen und am Ende Mehrheiten für die politische Durchsetzung zu sammeln. Ihr gehe es nicht um das am wenigsten Schlechte, sondern um das Bestmögliche. Dass es dabei um Ausgleich von Interessen und um Verhandlung gehe, sei im Bundestag nicht anders als am heimischen Küchentisch. So funktioniert lebendige Demokratie, die ihr allemal lieber sei als Menschen, die behaupteten, sie wüssten genau, was richtig ist, und davon träumten, diese Überzeugung autoritär durchzusetzen. Politik sei ein ständiges Ringen um verantwortliche Entscheidungen, die umso schwerer wiegen, wenn Fragen von Leben und Tod berührt seien. Und nein, ruhig schlafen ließen sie solche Entscheidungen angesichts kriegerischer Auseinandersetzungen in der Tat nicht. Als grüne Politikerin und Christin habe für sie Gewaltfreiheit allerhöchste Priorität.

»Gewalt mit Gewalt zu bekämpfen widerspricht meiner Überzeugung. Aber angesichts der weltpolitischen Realität muss ich anerkennen, dass, um Menschenrechte zu schützen und durchzusetzen, mitunter militärische Einsätze erforderlich sind. Das bleibt ein Dilemma, das mich umtreibt.«

Als führende Politikerin von Bündnis 90/Die Grünen steht Katrin Göring-Eckardt für christliche Werte in der Politik. Wir fragen, welche Werte ihr dabei besonders am Herzen liegen.

Es seien die drei großen Begriffe des konziliaren Prozesses der christlichen Kirchen: Frieden, Gerechtigkeit, Bewahrung der Schöpfung seien die bleibenden Maßstäbe. Dabei ginge es um folgende Fragen: Wie gelingt Befriedung, was schafft gerechten Ausgleich, wie schützen wir die Umwelt? Ihr gehe es darum, klug, redlich und zuhörend nach Lösungen zu suchen, orientiert nicht an Einzelinteressen und mit besonderem Blick auf die, die Schutz und Unterstützung der Gesellschaft benötigen. Heute geht es mehr denn je um das »große Ganze«. In einer veränderten Welt, in der die meisten Gewissheiten zumindest in Frage stehen, ist es zentral, die großen Fragen zu bewegen, ohne den oft genug beschwerlichen Alltag aus dem Blick zu lassen.

Als Präses der EKD war Göring-Eckardt mit den Entwicklungen der evangelischen Kirche in den letzten Jahren gut vertraut. Die EKD, so unsere These, sei offensichtlich in einer Krise, Mitgliederzahlen gehen zurück und die kirchliche Bindung lässt allgemein nach. Was wäre denn aus ihrer Sicht dringend geboten, um sich der Entwicklung entgegenzustemmen?

Es stimme natürlich schon, wie andere Institutionen verliere die Kirche an Bindungs- und Prägekraft, die Mitgliederzahlen gingen zurück, was auch demografische Gründe habe. Die Frage sei aber, ob wir deshalb jammern, dass es nicht mehr so ist wie es früher einmal war und dies Krise nennen, oder ob wir Veränderung aktiv und zuversichtlich gestalten.

»Ich denke, es geht uns als Kirche darum, gut von Gott zu reden in einer Sprache, die heute von den Menschen verstanden wird, eine Kirche zu sein, die offen ist, einladend und ansprechend, sodass Menschen mit ihrem Suchen und ihren Fragen es für möglich halten, hier Antwort und Orientierung zu finden und Heimat und Gemeinschaft zu erfahren. Dabei sollten wir nicht aus den Augen verlieren, wie lebendig Gemeinden vor Ort sind, welche Bedeutung die diakonische Arbeit für die Gesellschaft hat und welche Wertschätzung Einrichtungen und Schulen in kirchlicher Trägerschaft entgegengebracht wird.«

Für sie sei ein Satz von Dietrich Bonhoeffer sehr wichtig geworden: »Unser Christsein wird heute nur in zweierlei bestehen: im Beten und im Tun des Gerechten unter den Menschen.« Bonhoeffers unerschütterliches Gottvertrauen und seine im Grunde übermenschliche Bereitschaft zur Vergebung seien für ihr persönliches und politisches Leben wichtig und prägend geworden. Im Kern sehe sie ihre politische Aufgabe darin, nach dem zu suchen, was gerecht sei und Menschen zu ihrem Recht verhelfe. Und für sie persönlich sei die Verbindung zu Gott dafür Halt und Hilfe.

Am Ende sprechen wir sie auf einen Satz an, den sie auf der EKD-Synode 2011 sagte: Das Evangelium sei der Grund, der dazu verhelfe, Krisen anders zu sehen und anders mit ihnen umzugehen.

Wir wollen von ihr wissen, was diese Frohe Botschaft für sie persönlich bedeutet.

»Mein Vertrauen darauf, dass es den Einen gibt, der in allem mitgeht und mitträgt, relativiert manches, das zunächst wirkt, als sei es das Ende oder das Schlimmste, das passieren kann. Das tilgt nicht den Schmerz oder die Angst, hilft aber, mit beidem umzugehen und es aushalten zu können. Und das Wissen darum, dass nicht alles von mir und meinen Entscheidungen abhängt, sondern dass es immer noch etwas Größeres gibt, empfinde ich als ungemeine Erleichterung und großes Geschenk, mich dem immer wieder anvertrauen zu können.«

BODO RAMELOW

Bodo Ramelow, Jahrgang 1956 ist Ministerpräsident des Freistaates Thüringen. Er ist der erste Ministerpräsident der Partei DIE LINKE. Das ist ein Novum in der bundesdeutschen Geschichte. Der gebürtige Niedersachse stammt aus einem traditionsreichen evangelischen Elternhaus, einer seiner Vorfahren war der lutherische Theologe Johann Philip Fresenius. Er selbst ist bekennender Protestant und in dritter Ehe verheiratet. Er hat zwei erwachsene Söhne.

DAS GESPRÄCH

Einen Gesprächstermin mit Bodo Ramelow zu bekommen, ist nicht schwierig. Auch wenn der Termin gut vorbereitet werden muss, hatten wir den Eindruck: Der macht das gerne und ist offen für Neues. Also nichts wie nach Erfurt. Zu unserer Verblüffung liegt die Staatskanzlei am Rande der Fußgängerzone in einem schön sanierten, aber eher bescheidenen Altbau. Es könnte auch das Bürgermeisteramt einer mittleren Kleinstadt sein, wäre da nicht ein Polizist am Eingang, der uns mustert, dann aber bereitwillig einlässt. Bald werden wir vom Regierungssprecher in Begleitung einer Praktikantin abgeholt und in ein Gespräch verwickelt.

Alles wirkt entspannt, in England würde man sagen »very much down to earth«.

Dann geht es an den Sekretärinnen vorbei in das Büro des Ministerpräsidenten. Auch hier Bescheidenheit, schlichte Möbel, ein großer Schreibtisch, in der Ecke der Hundekorb für Attila, der »First Dog-Terrier«. Für einen Repräsentanten einer pazifistisch anmutenden Partei ist die Namenswahl durchaus mutig, war Attila doch ein gefürchteter Hunnenkrieger. Neben dem Schrank lehnen zwei Pilgerstäbe, im Glasschrank Heiligenkerzen und Krimskrams.

Der Lebensweg von Ramelow war in keiner Weise vorhersehbar. Im Gegenteil, als Legastheniker kam er zunächst über einen Hauptschulabschluss in seiner rheinhessischen Heimat nicht hinaus. Er machte eine Ausbildung zum Einzelhandelskaufmann und kletterte dann nach und nach auf dem zweiten Bildungsweg die Leiter nach oben. Irgendwann war er Gewerkschaftssekretär und kam über diesen Weg zur damaligen PDS. Der Kampf für mehr Gerechtigkeit in der Arbeitswelt und sein Einsatz für Arbeitnehmer ließen ihn bald den Vorsitz der Landtagsfraktion in Thüringen übernehmen. Eine klassische linke Karriere. Seine christlichen Wurzeln verleugnete er dabei nie, im Gegenteil. Bis heute steht er dafür ein, dass das unrechtmäßige Verhalten gegenüber den Christen in der DDR besser aufgearbeitet werden muss.

Wir werden freundlich empfangen und sind doch erstaunt, wie nahbar Bodo Ramelow wirkt. Er nimmt sich Zeit für uns und so ergibt sich bald ein offenes Gespräch, das in sehr persönliche Fragen über Leben und Tod mündet.

ir fragen Ramelow nach dem Verhältnis von Kirche und Staat und er steigt sofort mit einer Grundsatzbemerkung ins Gespräch ein.

Er fände es gut, dass die konkrete Anwendung der Zwei-Reiche-Lehre Luthers zum ersten Mal in der deutschen Geschichte zu einem wirklich ehrlichen Miteinander beider Seiten geführt hätte. Mitnichten sei dadurch der individuelle Zugang zu Gott verloren gegangen. Luthers Interesse sei ja auch keine neue Kirche gewesen. Sein Ziel sei es gewesen, dass jeder Einzelne wieder näher an eine persönliche Glaubensbeziehung herangeführt würde.

»In dieser doppelten Tradition sehe ich mich selbst. Ich respektiere die institutionelle Trennung von Kirche und Staat. Deshalb würde ich auch ungern den Menschen über eine Institution irgendeine religiöse Verpflichtung auferlegen. Ich würde natürlich schon jedem persönlich den Rat geben, sich um seine Seele zu kümmern. Ich lebe ja auch mein Gottvertrauen und zeige das nach außen. Aber wichtiger als die Frage nach dem Religionsbezug in der Verfassung ist für mich die individuelle Freiheit zur Religionsausübung, und das ist ja letztlich viel mehr als eine laizistische Definition wie in Frankreich. In der Türkei erweist sie sich ja gerade als Makulatur. Die Verantwortung, die wir als Politiker haben, ist erst einmal eine Verantwortung vor der Verfassung. Mein individueller Weg ist eben auch intensiv mit meinem Gottvertrauen verknüpft.«

Die Bemerkung etlicher politischer Kollegen, dass der Bezug zu Gott in der Verfassung uns auch davor bewahrt, den Menschen religiös zu überhöhen, unterstreicht Ramelow mit fünf Ausrufezeichen! Der Mensch sei eben nicht das letztlich gültige Maß. Dennoch sei die eigentliche Frage eine andere. Die Involviertheit der Kirche in die NS-Zeit, man denke nur an das *Entjudungsinstitut* in Eisenach, und deren Folgen zur DDR-Zeit waren oft sehr problematisch. Das hing eben mit einer zu engen Verbindung von Staat und Kirche zusammen. Deshalb sei eine Trennung von Staat und Kirche erst einmal richtig.

Auch die DDR zeigte in ihrer Zeit wenig Interesse, dieses negative Erbe aufzuarbeiten, vielmehr hat sie das eher ausgenutzt, um sich die Kirche wegen ihrer zweifelhaften Vergangenheit gefügig zu machen. Die Partei DIE LINKE sei da heute allerdings anders aufgestellt. Es gäbe zahlreiche religiös engagierte Menschen, neben aktiven Christen auch Juden und Muslime, die alle zu ihrem Glauben stünden. Zu seiner Zeit im Bundestag sei er Religions- und Kirchenbeauftragter seiner Partei gewesen und immer auch auf dem Kirchentag aktiv dabei gewesen. Schon in der ersten bunten Truppe unter Gregor Gysi sei ein parteiloser Pfarrer Teil der Fraktion gewesen, er sei als prominentes Mitglied nur anders wahrgenommen worden als andere. Als er Gewerkschaftssekretär war, habe sein christliches Engagement niemanden interessiert. An dem Sonntag allerdings, an dem bekannt wurde, dass er für die PDS kandidierte, saß er auf einmal allein in der Kirchenbank. Danach habe es lange gedauert und viele Gespräche gekostet, um Vertrauen wiederzugewinnen.

Als Westdeutscher und Vertreter der Nachfolgepartei der SED habe er zunächst auch nicht abschätzen können, wie kleinteilig die Schikanen in der DDR waren. Die 50er-Jahre seien ja ausgesprochen brutal gewesen und die 60er-Jahre auch noch sehr unangenehm. Christliche Schüler etwa habe man öffentlich bloßgestellt.

In den 70ern seien dann Kirche und Staat vermehrt aufeinander zugegangen, der Rat der Kirche in der DDR sei gegründet worden und das habe die Situation ein wenig verbessert. Dennoch habe sich der Staatsapparat sehr stark in die Amtskirche eingearbeitet, sodass der Anteil der IM (inoffizielle Mitarbeiter) sehr hoch gewesen sei.

»Wenn Sie aber meine Partei betrachten, sage ich heute: Nein, wir sind keine atheistische Partei, es sind etliche aktive Christen dabei; es gibt natürlich überzeugte Atheisten, und auch eine kleine Gruppe aggressiver Atheisten darunter. Deshalb habe ich beim Bundesparteitag vor der letzten Bundestagswahl auch gegen das Programm gestimmt, weil es einige Passagen zum Thema Religion gab, die ich nicht mit meinem Gewissen vereinbaren konnte. Es geht nicht, dass man Religionsfeindlichkeit in einem Parteiprogramm mittransportiert.«

Auf die Frage nach den Schnittstellen zwischen seiner Partei und dem Christentum verweist Ramelow auf den Papst.

Papst Franziskus sei viel radikaler als Sahra Wagenknecht. Wenn er sagt, dass »diese Wirtschaft tötet«, würde das selbst Sahra Wagenknecht so nicht über die Lippen bringen. Dazu gebe es viele biblische Bezüge, von denen er nur einige nennen wolle. Zum Beispiel die Regel im Alten Testament, dass man die zweite Ernte immer den Armen überließe. Und alle fünfzig Jahre sollte man einen vollständigen Schuldenerlass gewähren. »Das sollte man mal in Stein gehauen vor die Deutsche Bank stellen.«

Die Briefe des Paulus an die Gemeinden seien ebenfalls eindeutig. Er habe schließlich das Christentum aus einer jüdischen Kleinsekte herausgeführt zu einer universellen Gemeinschaft, in der alle gleich seien.

Darüber hinaus fände er, dass ein wichtiger Bezugspunkt zwischen den Religionen in der Person Abraham zu finden sei. Deshalb sei es wichtig, gemeinsam mit denen Frieden zu suchen, die das auch wollten. Er habe z. B. die Religion der Jesiden kennengelernt, die zu den friedlichsten Menschen zählten. »Ich will das Gemeinsame suchen; ich kenne auch das Trennende. Aber das kann man in jeder Religion finden. Auch in der Bibel findet man ja recht gruselige Passagen.«

Zum Stichwort Franziskus sprechen wir Ramelow auf seine Romreise im Frühjahr 2016 an, als er den Papst besuchte. Die Presse nannte das damals einen »geschickten politischen Schachzug« und manch einer bezichtigte den Ministerpräsidenten, den Papst für sich zu instrumentalisieren. »Herr Ramelow, wie war's bei Franziskus?«

»Ich wurde zum Ministerpräsidenten gewählt und Journalisten fragten mich am Wahlabend nach meinem größten Wunsch. Spontan und ohne große Überlegung antwortete ich, ich würde gerne den Papst treffen. Hinter mir raunte eine Stimme: ›Das ist kein Problem.‹ Das war meine Protokollchefin. Da war ich dann schon platt. Ich wusste nicht, dass ich als Ministerpräsident darauf ein Recht hatte, denn Franziskus ist ja auch ein Staatsmann. Ich fand das schon toll, wie er damals nach seiner Wahl auf den Balkon trat und das Volk mit einem schlichten »Guten Abend« begrüßte. Und dann bezahlte er auch noch sein Hotelzimmer. Und flog als Erstes nach Lampedusa zu den Flüchtlingen. Das fand ich einfach unglaublich. Dieser Mann erreicht durch seine Worte und durch wenige Zeichen, die er setzt, eine enorme Wirkung. Das hat mich erreicht. Als ich dann die Zusage hatte, habe ich mich gefreut wie ein Kind.

Auf diese Reise nahm ich Menschen mit, die sich für Flüchtlinge engagiert hatten. Es sollte nicht nur mein Recht sein, ihn zu treffen, andere sollten das auch können. So begleitete mich der Eichsfelder Landrat, der sich aus seiner Christenpflicht heraus für

Flüchtlinge engagierte und damit viele Menschen seiner Stadt gegen sich aufgebracht hatte. Er ist ein CDU-Mann, natürlich, denn dort sind auch fast alle katholisch. Da hatte nicht einmal die SED viel zu sagen gehabt.

Als ich in den Audienzraum kam, bat der Papst mich, Platz zu nehmen. Ich solle doch bitte Deutsch reden, weil er die Sprache gerne höre. Die Audienz dauerte gut zwanzig Minuten, doch es waren gefühlte drei Stunden.

Am Tag zuvor war die Audienz ja geplatzt, weil er stark erkältet war. Dennoch sollte ich nicht zurückfliegen, ohne ihm begegnet zu sein. Mein Gefühl war: Da sitzt jemand und gibt dir Kraft. Das hat mich berührt. Er wusste gut Bescheid über Erfurt und ich dankte ihm, dass der katholische Dom in Erfurt nicht beleuchtet worden war, als dort finstere Reden geschwungen wurden. Beim Hinausgehen sagte Franziskus zu mir: ›Beten Sie für mich.‹ Das war die Verabschiedung. Jeder andere hätte gesagt: ›Ich gebe euch meinen Segen‹ oder ›Gehe hin in Frieden‹. Nein, er bat uns um etwas, das war einfach unglaublich.«

Thüringen ist ein Kernland der Reformation. Wir wollen wissen, ob die Ökumene auch ein Thema in Rom war.

Ja, das sei auch ein Grund des Besuchs gewesen. Er hätte dem Papst eine Faksimileausgabe der Lutherbibel und ein Abbild der heiligen Elisabeth geschenkt. Die Bibel hätte er ihm überreicht mit den Worten: »Die hat der katholische Priester Martin Luther auf der Wartburg geschrieben.« Es könne sich also nur um eine katholische Bibel handeln. Und die Statue der Heiligen Elisabeth hätte er überreicht mit den Worten: »In Marburg habe ich sie als evangelische Heilige kennen- und lieben gelernt und in Thüringen als katholische Heilige.« Das sei Ausdruck der Ökumene.

»Das war ein schöner Moment für uns beide und hat uns berührt. Wenige Stunden später besuchte ich die evangelische Kirche in Rom. Der Pastor dort erzählte uns, dass der Papst kurz nach seiner Wahl dort einen Gottesdienst besucht hätte und ihnen eine Patene und einen Abendmahlskelch überreicht habe. Da hat es mir die Schuhe ausgezogen. Das ist doch verrückt. Für uns als evangelische Christen gilt immer das Abendmahl als das Trennende. Und Franziskus bringt das Symbol des Trennenden in die evangelische Kirche. Damit ist das Problem zwar nicht gelöst, aber ein deutliches Zeichen ist gesetzt.«

Wir fragen, in welcher Situation sich die Kirche als Minderheit in Thüringen befindet?

Ramelow sieht die Kirche in einer wichtigen Rolle. Christen und Juden seien sehr aktiv gegen rechte Umtriebe. Es gebe ein gemeinsames Festival auf der Basis der abrahamitischen Religionen. Christine Lieberknecht, seine Vorgängerin im Amt, arbeite im Vorstand mit und er hätte die Schirmherrschaft. Er sei mit ihr weder verstritten noch würden sie sich aus dem Weg gehen. Ganz im Gegenteil, sie hätten sich schon früher immer wieder getroffen und miteinander auch gut zusammengearbeitet. Wenn man ein gemeinsames Fundament habe und gemeinsam in ökumenischen Andachten den Tag begänne, dann hätte man auch eine etwas ruhigere Art, miteinander umzugehen. Natürlich gebe es in der CDU aufgrund seiner Parteizugehörigkeit Vorbehalte, die ja teilweise auch berechtigt seien.

»Wer in der DDR Christ war und erleben musste, dass das eigene Kind deshalb kein Abitur machen konnte, der hat zunächst einmal keinen Grund, mit mir zu reden. Das kann ich verstehen. Wenn ich dann mit Vorwürfen konfrontiert werde wie ›Ihr habt die Biografie meiner Kinder negativ beeinträchtigt‹, ist das noch freundlich ausgedrückt. Weil aber alle wissen, dass ich das ernst nehme und wir angefangen haben, all das aufzuarbeiten, reißt der Gesprächsfaden nicht ab. Wir stellen uns solch massiven Themen: Da spielt zum Beispiel der Fall Domaschk in Thüringen eine große Rolle. Das war ein junger Mann aus dem Umfeld des Jenaer Friedenskreises, der im Stasigefängnis unter ungeklärten Umständen zu Tode gekommen ist. Offizielle Lesart: Selbstmord. Die Lebensgefährtin sagte, er wurde umgebracht. Heute sitzen wir gemeinsam in einer Arbeitsgruppe und arbeiten das historisch auf. Es gäbe hier noch einige Fälle anzuführen, an denen wir arbeiten.«

Die Kirche füllte nach Ramelow aber auch einen Raum aus, wenn es um moralisch-ethische Debatten ginge. Das sei zu Beginn des Irakkrieges so gewesen und das sei heute im Blick auf das rechte Umfeld so. Und das Thema Religionsunterricht sei in Thüringen insofern klar geregelt, als dass es ordentliches Lehrfach für alle Schülerinnen und Schüler ist, die einer Konfession angehören, daran ändere sich auch nichts. Ramelow macht einen kleinen Exkurs zur Wende 1989.

»Als die Mauer fiel, saß ich in einem Pennymarkt und kämpfte um die Erhaltung der Arbeitsplätze. Wir hatten Erfolg, die Arbeitsplätze wurden gesichert. Als ich dann in der Nacht den Fernseher einschaltete, dachte ich, das kann nicht sein. Ich kam ja gerade von einem Besuch aus der DDR, hatte das aber nicht ahnen können, obwohl jeder spürte, dass etwas in der Luft lag.

Für mich war das ein großartiges Erlebnis, wir haben geheult und sofort unsere Verwandten besucht. Nun schauen wir auf über 25 Jahre Einheit zurück und ich habe mit der Bundeskanzlerin und dem Bundespräsidenten den Gottesdienst in der Frauenkirche in Dresden besucht. Während wir feierten, »verteidigten«

rund 5.000 Pegida-Anhänger vor der Kirche laut störend das »sogenannte christliche Abendland«. Und als dann Schwarzafrikaner aus der Kirche gingen, machte der Mob Affengeräusche. Für so etwas haben die Menschen damals nicht gekämpft. Wer einen Gottesdienst stört, hat keinen Respekt vor Werten. Da werden wir alle angegriffen. Hier hat die Kirche, hier haben wir alle einen großen Auftrag.

Gegen Ende unseres Austauschs wird das Gespräch persönlich. Es geht um Werte, Grenzerfahrungen und den Umgang mit Leid.

Schwierig sei für ihn und seine politischen Kollegen, dass die Öffentlichkeit über die Medien die Politik sehr einseitig wahrnehme. Das sei oft Klamauk und nicht ernst zu nehmen, Talkshow eben. Kein Politiker würde da ernsthaft nach seinen Werten befragt werden. Es ginge lediglich um schnelle Effekte.

»Mir gibt mein eigener Glaube die Kraft aufzustehen und zu versuchen, jeden Tag die Welt ein bisschen besser zu gestalten. Das ist meine Grundüberzeugung. Es gab genügend Situationen in meinem Leben, in denen ich mit Gott gehadert habe und durch Krisen gegangen bin. Ich habe zwei Söhne, beide waren an Krebs erkrankt. Meine Mutter habe ich in den Tod begleitet und mein Vater ist in meinen Armen gestorben. Solche Erfahrungen bringen einen Menschen schon an den Punkt, an dem man sich fragt: Warum kann ich überhaupt noch fröhlich sein? Es könnte ja auch anders kommen.

Bei beiden Söhnen ist es gut gegangen; einer wurde gut therapiert, der andere hat Knochenmark von mir bekommen und beide sind heute gesund. Ich habe viele Gründe, mich an meinen Kindern zu freuen. Wenn ich mich ärgere, dann lediglich darüber, dass beide den Weg in die Kirche *noch* nicht gefunden haben. Ich denke, das hängt aber auch an Gottes Bodenpersonal ... Meine Ausstrahlung hat da leider nicht ausgereicht.

Grundsätzlich freue ich mich aber an dem bunten Garten Gottes in dieser Welt. Ob es unsere Kirchen oder die pietistischen Aidlinger Schwestern sind – meine Schwester war dort in der Ausbildung – oder andere Christen, alle gehören irgendwie dazu und das ist schön.

Wenn ich auf mein Leben zurückschaue, dann muss ich schon sagen, dass meine eigene Lebensgeschichte im ersten Teil katastrophal war. Als Legastheniker hatte ich einen schlechten Schulstart. Mit vierzehn bestand keine Schulpflicht mehr, ich war damals ein Milchbubi bei Karstadt, das war ganz schön *bekloppt*. Aber ich hatte ein protestantisches Fundament. Das ist die Familie Fresenius, aus der ich stamme. Eigentlich war ich dafür vorgesehen, Bäcker zu werden, denn ein Teil meiner Familie gehört dieser Zunft an. Aber dann hat mir der liebe Gott eine Mehlstauballergie geschickt und so war es damit vorbei. Bei meiner Mutter habe ich die Fröhlichkeit erlebt – trotz aller Lebenskrisen. Die vier Kinder mussten etwas lernen fürs Leben. Das war eine starke Dosis protestantischer Grundhaltung.

In der Gemeinde habe ich viele gute Erfahrungen gemacht, vom Kindergottesdienst bis zu den Pfadfindern. Diese Überzeugung hatte ich irgendwann einmal fast verloren, hier in Erfurt habe ich sie wiedergefunden. Altprobst Heino Falke hat mich dabei tief geprägt. Er hat dabei mitgeholfen, die DDR durch Gebet, Arbeit und Kerzen zum Einsturz zu bringen. Das hat alles mit christlichen Werten zu tun und ich bin dankbar, dass mich das heute prägt. Und wenn das andere bei uns nicht so sehen, dann bin ich halt der Kieselstein im Schuh meiner Partei.

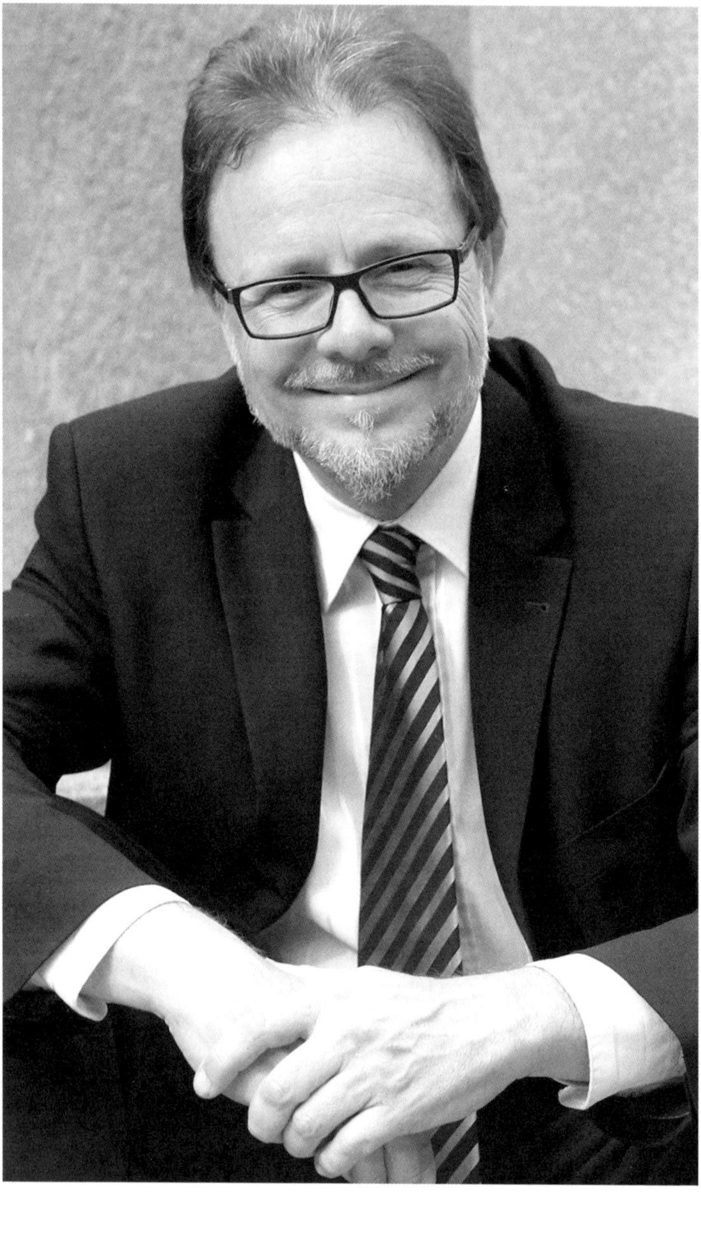

FRANK HEINRICH

Frank Heinrich ist gelernter Sozialpädagoge und Theologe. Als ehemaliger Heilsarmee-Offizier ist er mit Fragen der Kirche und des Glaubens bestens vertraut. Er ist Mitglied der CDU/CSU-Bundestagsfraktion und Obmann der Fraktion im Ausschuss für Menschenrechte und humanitäre Hilfe. Geboren wurde er am 25. Januar 1964 in Siegen, seit 1987 ist er verheiratet mit Regina Heinrich, vier Kinder.

DAS GESPRÄCH

Frank Heinrich ist ein ungewöhnlicher Abgeordneter. »Hallo, ich bin der Frank!« So in etwa lautet oft seine Begrüßung, wenn man sich schon mehrmals getroffen hat. Nähe zu den Menschen, Engagement für die am Rand der Gesellschaft und der Blick über den Tellerrand der Bundesrepublik nach Afrika zeichnen Frank Heinrich aus. Unkompliziert muss es sein.

Wir begegnen uns beim Mittagessen und in seinem Abgeordnetenbüro. Während wir sprechen, klackert eine Mail nach der anderen auf seinen Rechner und das Handy leuchtet immer wieder auf. Ruhe ist nicht sein Ding …

Wir steigen gleich in das Thema ein, das am nahe-
liegendsten ist, und sprechen über den Passus des
Grundgesetzes »in der Verantwortung vor Gott und
den Menschen«.

Ja natürlich, dieser Passus habe für ihn eine große Bedeutung.
Und gerade in einer Zeit, in der wir diskutieren, ob der Islam zu
Deutschland gehört oder wie eine deutsche »Leitkultur« aussehen
könne, sollten wir uns daran erinnern. Das Grundgesetz verweist
ja auf unsere Geschichte als christliche Nation. Und das sei ein
großes Erbe: Mit dem Karlspreis etwa, der seit 1950 im Aachener
Dom verliehen wird, würdigen wir große Europäer – in Anlehnung
an den christlichen Kaiser Karl den Großen, der hier im Jahre 800
gekrönt wurde und bereits zu Lebzeiten als »Vater Europas« bezeichnet wurde.

Oder man denke nur an das 500-jährige Reformationsjubilä-
um im Jahr 2017. Ohne Martin Luther hätte es keine einheitliche
deutsche Sprache und damit keine nationale Identität gegeben.
Auch in der Glaubens- und Gewissensfreiheit habe Luther Maßstäbe gesetzt. In der neueren Geschichte sei es die Bekennende
Kirche gewesen, die sich als sichtbares Banner gegen den Nationalsozialismus gewehrt habe, und es sei das Stuttgarter Schuld-
bekenntnis, das maßgeblich dazu beigetragen habe, einen Neuan-
fang nach dem Zweiten Weltkrieg möglich zu machen.

Eines sei sehr eindeutig: Dieses Erbe wolle das Grundgesetz
bewahren und deshalb enthalte es diesen Passus von der Verantwortung vor Gott und den Menschen. Heinrich weiß auch, dass
diese christliche Geschichte nicht ohne Brüche ablief. So war der
Dreißigjährige Krieg 1618–1648 ja ein christlicher Bruderkrieg.
Aber eben damit wurde er auch zum Wegbereiter der Aufklärung.
Eine aufgeklärte Formulierung hätten die Väter und Mütter des

Grundgesetzes ja auch gebraucht, indem sie von »Gott« sprachen, ohne diesen Begriff konfessionell zu qualifizieren, und indem sie »Gott und Menschen« zusammenzogen. Wer seinem Gott ehrlich dient, der muss auch zum Wohle der Menschen handeln.

Ein weiteres dunkles Kapitel unserer Geschichte sei natürlich der Antisemitismus, daher hält Heinrich es grundsätzlich für angemessen, von einem jüdisch-christlichen Erbe zu sprechen.

Im Blick auf seinen eigenen Glauben konkretisiert Heinrich das dann noch mal: »Mir bedeutet es viel, in Verantwortung vor Gott zu stehen. Es hält auf eine gute Weise demütig. Kein Mensch ist die letzte Instanz in diesem Leben. Das *Heil* kommt niemals von einem Menschen. Wir alle brauchen Korrektur und Ergänzung. Wir alle leben ›von Voraus-setzungen, die wir selbst uns nicht schaffen können‹ (Ernst-Wolfgang Böckenförde). Die Präambel des Grundgesetzes erinnert mich daran.«

Spricht man Abgeordnete auf ihre Verantwortung an, dann kann es einem passieren, dass viele grundsätzliche und auch richtige Sätze fallen. Schnell wird einmal etwas runtergespult, was immer passt. Bei Frank Heinrich wird man das nicht erleben. Er wird persönlich und gewährt anhand eines Wortspiels einen Einblick in sein Leben.

»Ver-antwort-ung übernimmt, wer nach Antworten sucht auf die Fragen und die Aufgaben, die das Leben ihm stellt. Für mich waren meine Eltern ein Vorbild darin, Verantwortung zu übernehmen. Sie arbeiteten in einem christlichen Altersheim. Dort lebten viele einzigartige Menschen, die auf ihre Altersvorsorge verzichtet hatten, weil sie mit der Wiederkunft Jesu zu ihren Lebzeiten gerechnet hatten. Meine Eltern dienten diesen Menschen aufopferungsvoll für kleines Geld – immer mit einer Prise Humor. Das hat mich geprägt. Regelmäßig besuchten wir als Familie Christen hinter dem Eisernen Vorhang, vor allem in Rumänien. Auch das war prägend. Entsprechend entsprang eine erste *politische* Aktion diesen Kontakten: Ich nahm an einer Demonstration vor der rumänischen Botschaft teil.

Meine Berufswahl Sozialarbeiter hatte dann ebenfalls damit zu tun: Ich übernahm Verantwortung für Menschen am Rande der Gesellschaft. Mehr und mehr erkannte ich, dass es dabei nicht nur um Einzelfälle, sondern auch um Strukturen geht. Entsprechend engagierte ich mich in städtischen Gremien und dann auch in einer Partei. Und wie das so ist: Wenn du tatkräftig zupackst, wirst du auch für weitere Aufgaben angefragt. Sei es als Präsident des Schwimmklubs in meiner Heimatstadt oder als Bundestagskandidat. Wenn ich gefragt wurde, habe ich *vor Gott und Menschen* geprüft, ob ich diese Verantwortung übernehmen soll. Neulich sagte jemand: ›Was man kann, muss man tun.‹ Danach habe ich gehandelt.

Verantwortung beginnt ja immer im Kleinen. Zu Hause. Es hat etwas mit Treue zu tun, mit Verlässlichkeit. Als meine Frau, mit der ich mir den Dienst teilte, für längere Zeit krank war, hieß es auch hier ›Antwort geben‹. Ganz praktisch. Wir haben vier Kinder. Es hieß, mit ihnen aufzustehen, das Frühstück zu machen – auch wenn es dienstlich am Abend zuvor spät geworden war.«

Wir wechseln das Thema und kommen auf die Menschenrechte zu sprechen. Da ist es in den letzten Jahren nicht so richtig nach vorne gegangen. Weltweit werden sie mit Füßen getreten, auch an den Rändern Europas kriselt es damit. Warum Menschenrechte?

Jeder Abgeordnete spezialisiert sich auf mehrere Themenfelder, alles geht einfach nicht. Heinrich ist Obmann seiner Fraktion für Menschenrechte und humanitäre Hilfe. Als Querschnittsthema ziehe sich das Thema ja durch alle Politikfelder. Zu vielen Gesetzesvorlagen zur Außen-, Wirtschafts- oder Sozialpolitik könne man aus menschenrechtlicher Perspektive Ergänzungen vornehmen. Seinen thematischen Schwerpunkt habe er dabei auf das Menschenrecht auf Wasser gelegt. Dazu habe er Runde Tische mit afrikanischen Botschaftern und Experten der Entwicklungszusammenarbeit initiiert, um so Know-how-Transfers zu ermöglichen. Die Resonanz darauf sei groß gewesen.

Natürlich seien mit dem Mandat auch Reisen verbunden, um sich in verschiedenen Ländern ein Bild zu machen. Wann immer es möglich sei, nutze er diese Reisen, um auch abseits des offiziellen Programms Menschen zu begegnen, deren Rechte eingeschränkt sind. Regelmäßig besuche er dabei auch politische Gefangene.

Auf die Frage, warum er das tue, antwortet er einfach und geradeheraus: »Weil Menschen mir am Herzen liegen und weil ich die Möglichkeit dazu habe, etwas zu bewegen.« Und dann erzählt er von einer vietnamesischen Gewerkschafterin, die nach seinem Besuch aus der Haft entlassen wurde. Es habe ihn schon sehr bewegt, als diese Nachricht kam. Oder er besuchte Christen in Nigeria. Sie übergaben ihm mehrere Hundert Seiten, in denen sie Übergriffe wie Brandschatzungen, Morde und Entführungen durch radikale Muslime dokumentiert hatten – bis dahin ohne große Anteilnahme der Weltöffentlichkeit. Nun konnte er sie dem Bundestag übergeben und ein breites Medienecho erzielen. Solche Möglichkeiten müsse man nutzen, meint er energisch. »Das ist ja meine Pflicht.«

Wir kommen auf die globalen Umwälzungen zu sprechen, die uns bevorstehen, und fragen ihn nach seiner Einschätzung.

Heinrich erinnert an einen älteren Slogan der Entwicklungshilfe. »Think global, act local.« Der sei bis heute ja nicht falsch, man müsse ihn wiederentdecken, gerade angesichts des Aufkommens nationalistischer Tendenzen in Europa. »Wir sehen auf über 70 Jahre Frieden zurück, weil Deutschland sich eingebunden hat in Gemeinschaften und Bündnisse«, so Heinrich. Das dürfe man ja nicht leichtfertig opfern. Eine Bauchnabelschau sei angesichts globaler Herausforderungen wenig hilfreich. Deshalb gehe es politisch um weltweit faire Handelsabkommen, um kulturellen Austausch, partnerschaftliche Lösungsansätze und menschenrechtliche Standards. Dahinter könne keiner mehr zurück.

Für den Christen Heinrich finden sich in der Bibel viele Beispiele dafür, besonders bei den Propheten des Alten Testaments oder im Neuen Testament in der Bergpredigt oder in den Gleichnissen, die Jesus erzählt hat. Das sei überhaupt kein neuer Gedanke!

Zugleich brauche es aber ein Wertegerüst, das sich im Alltag bewährt. Die Globalisierung könne die Menschen hoffnungslos überfordern. Umsetzen müsse jeder seine Werte schon noch vor Ort. »Treue, Mut, Verantwortung, Fleiß, Aufrichtigkeit – diese sogenannten *Sekundärtugenden* – halten Familien zusammen und stärken das Gemeinwesen. Die gilt es, neu zu entdecken. So beginnt ›Think global, act local‹. Das eine tun und das andere nicht lassen.«

Apropos überfordern. Wie steht der Christ Frank Heinrich zu der These, dass eine Islamisierung Deutschlands drohe?

Die Antwort fällt differenziert aus. Wenn damit eine friedliche Ausbreitung des Islam gemeint sei, durch Geburten oder Zuzug oder auch Mission, dann gelte ein klares Nein. Eine Gefahr könne er nicht erkennen. Gesellschaften verändern sich, Glaubensüberzeugungen ändern sich. Das sei normal, wie ein Blick in die Geschichte lehrt. Niemand in Deutschland oder der westlichen Welt habe einen Anspruch darauf, in einer christlichen Mehrheitsgesellschaft zu leben. Wir fremdeln mit unbekannten Kulturen und Religionen, das sei auch verständlich. Aber wer in einem freiheitlich-demokratischen Rechtsstaat lebt, müsse das aushalten. Religionsfreiheit sei ein hohes Gut und sie gelte selbstverständlich auch für Muslime.

Wenn der Bergriff »Islamisierung« allerdings – und so würde er ja gelegentlich gebraucht – als ein Synonym für die Ausbreitung von radikalem Islamismus zu verstehen sei, mit all seinen menschenverachtenden Ausprägungen wie Terror oder Unterdrückung von Minderheiten, dann sehe er darin eine potenzielle Gefahr, gegen die man sich mit allen Mitteln des Rechtsstaates zur Wehr setzen müsse. Das Grundgesetz stehe schließlich über der Scharia und die Menschenrechte über der »kulturellen Besonderheit« einer einzelnen Religionsgemeinschaft.

»Aber ich habe keine Angst vor einer solchen Islamisierung, ich halte unsere Demokratie für sehr wehrhaft. Und ich möchte warnen: Wir dürfen die Muslime in ihrer konfessionellen und ethnischen Vielfalt nicht einfach über einen Kamm scheren und ihnen das Etikett ›radikal‹ aufkleben. Vielmehr müssen wir die Vielfalt des Islam wahrnehmen und mit den überwiegend friedlichen muslimischen Menschen in unserem Land gemeinsam gegen die Radikalisierung vorgehen.«

Auf die Frage, ob das denn praktisch gehe, dass sich verschiedene Religionen friedvoll und respektvoll entfalten könnten, wirft er entschieden ein:

»Wir Deutschen sind ja für die *German Angst* berühmt, also die Angst vor der Angst. Und die kann bekanntlich lähmen. Genau das wissen Terroristen. Darum suchen sie möglichst spektakuläre Ziele für ihre Anschläge aus: die Twin Towers in New York, ein Fußballstadion in Paris, U-Bahnstationen in Brüssel. Damit erreichen sie Medienpräsenz und erwecken den Eindruck einer Allgegenwart des Terrors. Sie säen Misstrauen und zerstören damit langfristig möglicherweise wirklich den Frieden zwischen den Religionen.

Was können wir also tun? Auf eine kurze Formel gebracht: Wir dürfen Religion nicht an den Rand der Gesellschaft schieben und dort den Radikalen überlassen, sondern sie muss transparent und mitten in der Gesellschaft stattfinden. Wir müssen übereinander Bescheid wissen, auch über die Unterschiede. Wer Multikulti als Einheitsbrei versteht, wird scheitern. Wir müssen kritische Fragen erlauben, aufgeklärte Geistliche ausbilden und Islamverbände stärker in die Pflicht nehmen. Wir müssen selbstkritisch fragen, warum junge Menschen sich für Subkulturen entscheiden, und dann neue Modelle entwickeln, um sie in die Gesellschaft zu integrieren.

Gerade Menschen mit einem Migrationshintergrund sollten wir den Zugang zum Bildungssystem erleichtern, wie verschiedene Erhebungen, etwa die Pisa-Studie, zeigen. Vielleicht sollten wir aber auch aufpassen, dass es *in der Mitte der Gesellschaft* nicht zu eng wird. Eine Gesellschaft ist immer vielfältig und muss sich daran messen lassen, wie sie mit Minderheiten umgeht. Ein gedeihliches und friedliches Miteinander setzt eine Rechtsordnung voraus, die jeden Menschen gleich behandelt und seine Menschenwürde sichert. Unser deutsches Grundgesetz ist ein Musterbeispiel dafür.«

Gegen Ende des Gespräches kommen wir noch einmal grundsätzlich auf das Thema Glaube zu sprechen. Wir fragen, wie es denn um die Verantwortung der Kirchen, aber auch der verschiedenen Religionsgemeinschaften im Blick auf die Zukunft stehe?

Heinrich meint, die Bedeutung der Religion könne man fast nicht überschätzen. Sie bilde ja den persönlichen Wertekompass eines Menschen. Und sie habe eine hohe gesellschaftliche Bedeutung. Sein Parteikollege, Entwicklungshilfeminister Gerd Müller, schrieb dazu in der Broschüre *Die Rolle von Religion in der deutschen Entwicklungszusammenarbeit*: »Religion kann Brücken bauen und Menschen motivieren, sich für andere und die Umwelt einzusetzen. Dieses Potenzial haben wir viel zu lange vernachlässigt.« Und weiter: »Religion ist in den meisten unserer Partnerländer die entscheidende Werte-Ressource. Religion ist eine gesellschaftliche Gestaltungskraft. Sie hilft verstehen, verständigen und verändern! Dieses Potenzial der Religionen für Gerechtigkeit, Frieden und die Bewahrung der Schöpfung sehen wir mit großem Respekt. Wenn es jetzt um einen globalen Zukunftsvertrag für die Zeit nach 2015 geht, bietet die Zusammenarbeit mit den Religionen einmalige Chancen. Für einen Paradigmenwechsel zur Nachhaltigkeit brauchen wir alle Kräfte – auch die Kraft der Religionen.« Dies ist auch Heinrichs Credo, das er mit seiner entwicklungspolitischen Arbeit verfolgt.

Zum Schluss stelle ich ihm die Frage: »Herr Heinrich – welche Rolle spielt Religion in Ihrem Leben?«

»Gott spielt in meinem Leben keine *Rolle* – er ist der *Regisseur*.« Ich bin Christ. Als solcher lebe ich in einer persönlichen Beziehung zu Gott und richte mein eigenes Leben danach aus, wie Jesus Christus gelebt hat. Ich versuche ihm nachzufolgen, mich mit meinen Gaben und Möglichkeiten für Recht und Gerechtigkeit einzusetzen. Das ist die Wurzel meines Lebens und meines Handelns.«

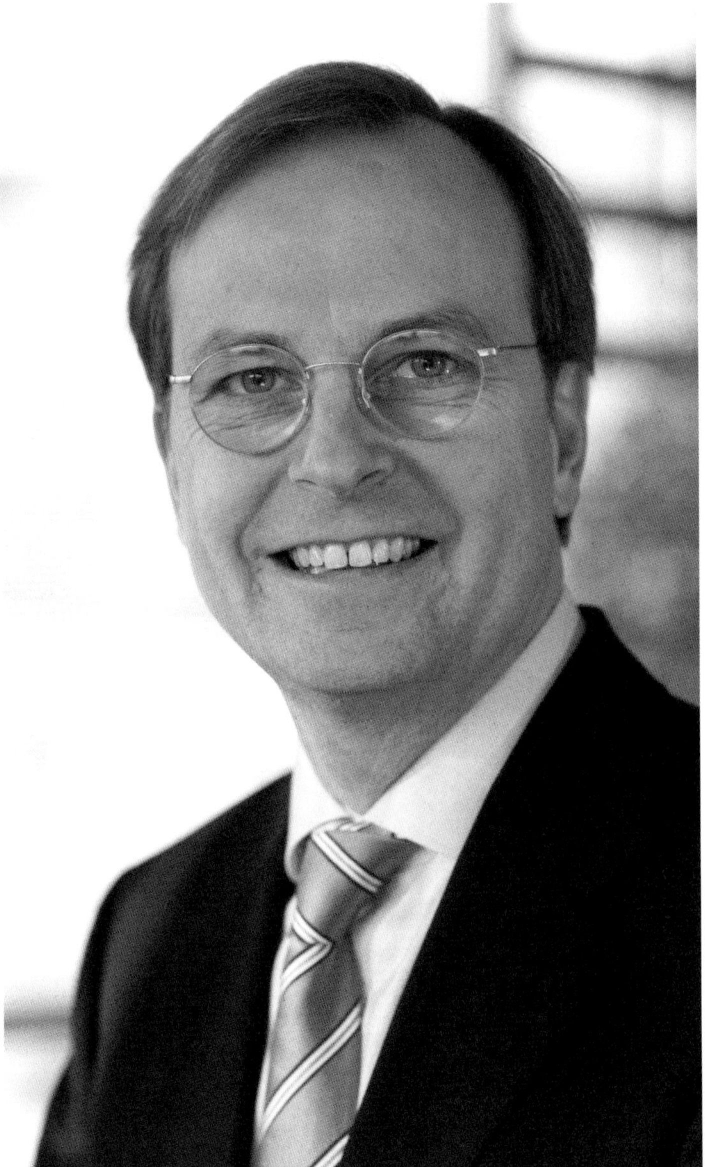

THOMAS RACHEL

Rachel kommt aus Düren im Rheinland und ist Politiker mit Leib und Seele. Er ist verheiratet und hat eine erwachsene Tochter. Seit 1994 sitzt er ohne Unterbrechung für die CDU im Bundestag. Bildungs- und Forschungspolitik ist sein Schwerpunkt im politischen Leben. Daneben ist er Bundesvorsitzender des Evangelischen Arbeitskreises der CDU/CSU und sitzt seit 2015 im Rat der EKD, dem höchsten Leitungsgremium der evangelischen Kirche von Deutschland.

DAS GESPRÄCH

Begegnungen mit Thomas Rachel sind erfrischend, wenn man denn einen Termin gefunden hat. Das Berliner Büro des Parlamentarischen Staatssekretärs im Bundesbildungsministerium ist aufgeräumt und strahlt eine kühle Eleganz aus. Freundlicher Empfang, kräftiges Händeschütteln, ein offenes und zugewandtes Gespräch ist schnell im Gang. Man versteht bald, dass die Zeit knapp ist. Dennoch, wenn er da ist, hat er Zeit, ist vorbereitet und zugewandt. Ich entspanne mich ...

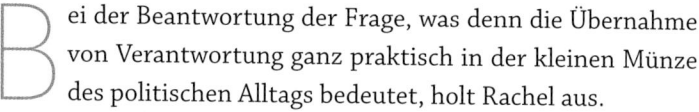

ei der Beantwortung der Frage, was denn die Übernahme von Verantwortung ganz praktisch in der kleinen Münze des politischen Alltags bedeutet, holt Rachel aus.

Die ganze aktive Politik mit ihrer Komplexität an Themen, Problemen und Herausforderungen stelle die Politiker vor die Aufgabe, möglichst gute Lösungen zum Wohl aller zu finden. Das gilt für die Niederungen des politischen Alltags, für alltägliche Fragen ebenso wie für wichtige Entscheidungen auf der Bundesebene, die große Auswirkungen haben. Die Menschen wollen Antworten und darauf haben sie ein Recht, denn schließlich haben sie ihm durch ihre Stimme sowohl das Vertrauen als auch das Mandat geschenkt. Er versuche, diesem Vertrauen nach bestem Wissen und Gewissen gerecht zu werden und ihm auch zu entsprechen. Dass er dabei mit allen gesellschaftlichen Schichten und Gruppen quasi unaufhörlich in einen intensiven Kontakt und Austausch komme, sei eine besondere Freude und Bereicherung. Denn er liebe es schon immer, anderen Menschen zu begegnen und mit ihnen in einen Dialog zu treten.

Nun ist allgemein bekannt, dass die Bundesrepublik einen großen Wertewandel durchläuft. Viele reden über Werte, es stellt sich aber die Frage, welche Werte tragen. Was hat Thomas Rachel geprägt und was prägt ihn bis heute, will ich von ihm wissen.

»Als Christ in der Politik und insbesondere als Bundesvorsitzender des Evangelischen Arbeitskreises der CDU/CSU (EAK) denke ich vor allem an den von Hermann Ehlers geprägten Begriff der *evangelischen Verantwortung*. Es geht hierbei um die immer wieder neu und konkret gelebte Verantwortung vor Gott und den Men-

THOMAS RACHEL

schen, und zwar aus dem Verständnis des besonderen evangelischen Freiheitsbewusstseins heraus. Durch den Glauben befreit, kann ich mich getrost engagieren und wirken, auch wenn meine menschlichen Kräfte und Möglichkeiten letztlich immer begrenzt, irrtumsanfällig und vorläufig bleiben. Weil ich durch Christus gerechtfertigt bin, kann ich Mut zur Verantwortungsübernahme haben. Und das ist ja gerade auch in den Bereichen wichtig, wo es nicht nur allein um mein persönliches Leben und Umfeld, sondern vor allem auch um die Belange der vielen anderen, mir anvertrauten Bürgerinnen und Bürger geht.«

Wir treffen Thomas Rachel wieder auf dem Johannisempfang der EKD am Gendarmenmarkt zu Berlin. Es ist ein brütend heißer Tag, der Gottesdienst zu Beginn setzt einen geistlichen Akzent, dennoch sind wir froh, als es ins Freie geht und wir an kleinen Bistrotischen unser Gespräch fortsetzen. Immer wieder schenkt er Wasser nach, auch an diejenigen, die im großen Kreis dabeistehen. Engagiert diskutieren wir über die neuesten Entwicklungen innerhalb der EKD. Man spürt: Wenn Rachel sich für etwas einbringt, dann mit Haut und Haaren.

Deutschland wird multireligiöser, auf viele Bürger wirkt der Islam als eine Religion, die schwer einzuordnen ist. Worauf kommt es an, so fragen wir, damit sich der Islam so in die Bundesrepublik eingliedern wird, dass ein friedliches Miteinander gewährleistet ist?

Zunächst stimmt Rachel zu. In der Tat werde der Islam aktuell zunehmend als polit-religiöse Ideologie, als beängstigendes Gewaltphänomen, als Menschenrechtsproblem oder als kulturgesellschaftlicher Stör- bzw. Differenzfaktor wahrgenommen. Die täglichen Nachrichten über den islamistischen Terrorismus, über Parallelgesellschaften und das Scheitern der Integration seien besorgniserregend. Und es sei zweifelsohne beunruhigend, dass in den allermeisten islamisch geprägten Staaten der Erde bis zum heutigen Tage die universalen Menschenrechte nur unzureichend geachtet würden und dass es dort keine Demokratien gebe, die auf freiheitlichen und universalen Grundwerten basieren, sondern zuhauf totalitär geprägte Regime.

Entscheidend käme es deshalb darauf an, dass die Muslime nicht nur bei uns in Deutschland, sondern weltweit diesbezüglich zu einer entscheidenden Klärung ihres theologischen Grund- und Selbstverständnisses gelangten. Vor diesem Hintergrund dürften wir also – gerade in einer Welt, die derzeit aus den Fugen zu geraten scheint – nicht müde werden, für unser bewährtes Modell einer von Freiheit, Grundwerten, Säkularität und Gewaltenteilung geprägten demokratischen Kultur zu werben.

Rachel sagt weiter: »Bei uns in Deutschland, einem Land mit wachsenden muslimischen Bevölkerungsteilen, gibt es eine Fülle von Chancen und Möglichkeiten, Islam und Moderne in freiheitlich-demokratischer Weise miteinander ins Gespräch zu bringen. Trotz weltweiter Krisenlage und vieler Probleme dürfen wir nicht übersehen, was in unserem Land in den vergangenen Jahrzehnten bereits an beeindruckenden Integrationsleistungen vollbracht worden ist. Unser politisches Ziel muss es auch weiterhin sein, eine möglichst große und umfassende Integration von Muslimen in unserem Land zu erreichen. Dazu gehört die Bildung als wesentlicher Schlüssel zur Integration. Die Eröffnung der Möglichkeit von islamischem Religionsunterricht mit deutschen Lehrern, überprüfbaren pädagogischen Standards und ausgewiesenen Curricula an unseren öffentlichen Schulen. Aber auch die Errichtung von Lehrstühlen für Islamische Theologie an unseren Universitäten sind bereits wichtige bildungspolitische Schritte in die richtige Richtung. Dazu gehört aber auch umgekehrt und zuallererst die Bereitschaft der Muslime selbst, unsere politischen Grundwerte und unsere Rechtsordnung vollumfänglich zu akzeptieren. Dabei muss im Sinne eines wechselseitigen *Forderns und Förderns* ganz klar und unmissverständlich sein: Den entscheidenden Maßstab und die unverrückbare Grundlage aller Integrationsbemühungen bildet unser Grundgesetz.«

Wir verlassen die große Weltpolitik und wenden uns Glaubensfragen zu. Wie kann es eigentlich sein, dass das Christentum in Deutschland so rasch an Bedeutung verliert? Und wenn er schon in der EKD Entscheidungen mitverantwortet – was tut man dort, damit wieder ein Ruck durch die Kirche geht?

Rachel lacht herzhaft und fördert dabei sein rheinisches Naturell zutage. Er sei grundsätzlich erst einmal ein zuversichtlicher und hoffnungsvoller Mensch. Deshalb gehöre er nicht zu denen, die ständig irgendwelche Untergangsszenarien des Christentums verkünden. Dazu bestehe aufs Ganze gesehen auch überhaupt kein Anlass. Unser Land und unsere Kultur seien ja schließlich tief, vielfältig und nachhaltig von Kirche und Christentum geprägt. Vieles davon sei sicherlich auch über die letzten Jahrzehnte in Vergessenheit geraten und bei nicht wenigen in der Gesellschaft eher passiv und nur unbewusst vorhanden. Das Eigene mache man sich ja bekanntlich erst in der Begegnung mit dem anderen und Fremden bewusst.

Insofern läge in der zunehmenden Herausforderung von Pluralität und Multireligiosität in unserem Land auch eine enorme Chance der Rückbesinnung auf die eigenen Wurzeln der Identität. Überdies sei er der festen Überzeugung, dass gerade auch in

Krisenzeiten das Hoffnungspotenzial des eigenen christlichen Glaubens wieder neu zum Vorschein kommen werde. Mit dieser fröhlichen Gewissheit bringe er sich auch im Rat der EKD ein und schlussfolgert:

»Ich glaube, dass Kirche immer dann am attraktivsten wirkt, wenn sie sich auf ihr Kerngeschäft konzentriert, sprich: auf die beherzte und lebendige Verkündigung der Frohen Botschaft in Wort und Tat.«

Man möchte sich diesem Überzeugungstäter gerne anschließen, aber gewisse Zweifel wegen der bedrückenden zurückgehenden Mitgliederzahlen bleiben dennoch bestehen. Wir bohren nach und spitzen das Thema zu. Als Bundesvorsitzender des Evangelischen Arbeitskreises der CDU/CSU müsse ihm ja bekannt sein, dass auch über das »C« in seiner Partei seit Jahren gerätselt werde. Was ist denn nun das »Christliche« an CDU/CSU, wollen wir wissen. Die direkte Antwort lautet:

»Für mich ist mein christlicher Glaube ein unerlässlicher Kompass für die tagtäglich immer wieder neuen politischen Herausforderungen und Probleme. Dieser *Marschkompass* – um ein Bild von Helmut Thielicke zu bemühen – bewahrt keineswegs davor, dass man sich zuallererst selbst aufmachen und sich einen Weg durch zum Teil unwirtliches und unübersichtliches Gelände suchen und bahnen muss. Aber ohne ihn wäre man mit Gewissheit aufgeschmissen, verloren und ohne hinreichende Orientierung.«

Das signalisiere auch das »C« im Parteinamen der Union. Es sei nämlich kein schmückendes Aushängeschild oder gar ein religiöser Vollmachtswahn, sondern ein bewusster und lebendiger Anspruch an die eigene Politik, eine Selbstverpflichtung oder, wie es Richard von Weizsäcker so treffend ausgedrückt hat: ein »Stachel im Fleisch«. Das »C« sei deshalb auch das beste Mittel gegen jede Art von politischer Ideologie und jede Form von totalitärem Denken! Es gehe also nicht um so etwas wie eine »christliche« Politik, die es gar nicht geben kann und die selbst Ideologie wäre. Sondern es gehe um den selbst gewählten Anspruch von Christinnen und Christen, sich auch in der Politik zu engagieren und Verantwortung zu übernehmen und dabei nicht zuletzt auch ihren Glauben ganz bewusst ernst zu nehmen. Als Bildungspolitiker habe er natürlich einen Blick auf eine werteorientierte Bildungspolitik inmitten einer pluralen Gesellschaft, die die Menschen mitnimmt und gleichzeitig herausfordert. Denn Pluralität gehöre zu den großen, positiven Errungenschaften der freiheitlichen Demokratie. In Diktatur, Totalitarismus und Kollektivismus herrschen demgegenüber nur Uniformismus, Gruppenzwang und Monokultur. Deshalb seien diese Regime ja immer früher oder später auch dem Untergang geweiht. Gerade die wohlverstandene Vielfalt könne also eine große Chance und ein entscheidender Wettbewerbsvorteil für eine Gesellschaft und ein Staatswesen sein. Eine moderne, werteorientierte Bildungspolitik müsse deshalb immer den unverwechselbaren, individuellen Menschen mit seinem besonderen Charisma, seinen Begabungen und Fähigkeiten im Blick haben. Das entspreche im Übrigen auch unserem christlichen Bild vom Menschen. Die unterschiedlichen und mannigfachen Begabungen gelte es deshalb auch politisch möglichst genau zu identifizieren und dann entsprechend maßgerecht und passend zu fördern. Es sei also Aufgabe einer guten Bildungspolitik, genau diesen entscheidenden Zusammenhang niemals aus dem Blick zu verlieren: Pluralität und Individualität bedingten sich gegenseitig, und das eine sei letztlich nicht ohne das andere zu denken.

Auf der Homepage von Thomas Rachel findet man folgenden bemerkenswerten Satz von Dr. Hermann Ehlers: »Die Verantwortung, die die Menschen für sich, für ihre Bürger, für die Gemeinschaft des Volkes tragen, muss eine andere sein, wenn sie nicht meinen, dass mit dem Tode alles aus ist, sondern dass ein Letztes Gericht und eine letzte Gnade auf sie wartet. Wo es keine große Hoffnung gibt, gibt es auch keine vernünftige Politik.« »Letztes Gericht« und »letzte Gnade«: Geht das für Politik nicht ein bisschen zu weit, wollen wir von ihm wissen.

Nein, meint Rachel, denn als bekennende und aktive Christen seien wir dazu gerufen, in allem, was wir sind und tun, vor der weltüberwindenden Hoffnung Rechenschaft abzulegen, die in uns ist. Das Evangelium Jesu Christi sei dazu in der Lage, uns selbst und unsere Welt immer wieder in radikaler Weise zu wandeln und zu verändern. Das gelte im Privaten und Persönlichen, aber erst recht auch in der Gesellschaft und in der Politik.

Diese verantwortungsvolle Aufgabe müsse nun aber stets von allen Christen im Deutschen Bundestag – quer durch alle Parteien hindurch – gemeinsam wahrgenommen werden. Im Bewusstsein der Schwere, aber auch der Bedeutsamkeit dieser politischen Herausforderung müssten wir als Christen im Parlament immer wieder um die Lösung der wichtigen Probleme in unserem Land ringen und uns glaubwürdig dafür einsetzen. Bei aller Vorläufigkeit der politischen Tätigkeit hätten wir immer die hohe Ernsthaftigkeit und Verantwortung dieses Berufes zu betonen. Bei allem notwendigen Ernstnehmen desselben würden wir aber immer auch um seine Vorläufigkeit wissen.

STEFFEN BILGER

Steffen Bilger, Jahrgang 1979, stammt aus dem Kreis Ludwigsburg in Württemberg und absolvierte eine Bilderbuchkarriere innerhalb der CDU. Nach Abitur und Zivildienst wurde er Rechtsanwalt. War er schon als Schüler Mitglied der Jungen Union, so wurde er bald deren Landesvorsitzender. 2009 wechselte er in die Bundespolitik. Dort sitzt er nun in der zweiten Legislaturperiode im Ausschuss für Verkehr und digitale Infrastruktur. Außerdem ist er Vorsitzender des Kuratoriums der Bundeszentrale für politische Bildung. Er ist verheiratet und hat ein kleines Kind.

DAS GESPRÄCH

Elastisch, jugendlich schick und mit einem gewinnenden, offenen Lächeln tritt uns der Abgeordnete Bilger entgegen. So stellt man sich einen Vertreter des CDU-Nachwuchses vor, der sich im rasanten Aufstieg befindet. Obwohl Bilger kein Mensch ist, der gegen seine Überzeugungen handeln würde. 2015 stellte er sich in der Euro-Krise mit einer Minderheit innerhalb seiner Fraktion gegen die Linie der Bundesregierung, die sich für weitere Verhandlungen mit Griechenland ausgesprochen hatte. Er stimmte bei der namentlichen Abstimmung nicht zu. Man munkelte in den Hinterzimmern, dass das für die einzelnen Abgeordneten nicht leicht gewesen sei, denn der Fraktionsvorsitzende nehme sich die Rebellen auch schon mal persönlich zur Brust. 2016 schrieb er durch seinen gestiegenen politischen Einfluss mit am Koalitionsvertrag zwischen der grün-schwarzen Landesregierung in Baden-Württemberg. Um sich wenig später auf Twitter über die »grüne Genderschreibweise« mit ihren Sternchensymbolen[1] zu beschweren, die in Tweets des Staatsministeriums verwendet wurde. Abgeordnete, die auch mal querdenken, wecken unser Interesse für ein Gespräch.

Sein schwäbischer Akzent ist weich und angenehm, sein Büro in der Dorotheenstraße in Berlin sachlich und schlicht eingerichtet. Neben den für CDU-Abgeordnete typischen Deutschland- und Landesfahnen hängt an einem Ständer etwas traurig ein Trikot des VfB Stuttgart. »Nun ja, viel Grund zur Freude habe ich da ja gerade nicht. Schön isch des net ...«

Wir wenden uns zügig unserer Einstiegsfrage nach der Präambel des Grundgesetzes zu und sind sofort mittendrin im Klein-Klein der politischen Alltagsthemen.

Natürlich sei es immer seine Verantwortung, die er vor Gott und den Menschen in den jeweiligen Entscheidungen zu treffen hat. Es gebe ja eine ganze Reihe von Kollegen, die wie er die Präambel nach wie vor für sehr wichtig hielten. Manche diskutierten darüber, welcher Gott denn damit gemeint sei, aber für ihn sei klar, dass die Schreiber damals den christlichen Gott gemeint hätten, ohne ihn explizit zu erwähnen.

---

1 z. B. Demokrat*innen.

STEFFEN BILGER

Dass man dann in der jeweiligen Situation unterschiedlicher Meinung sein kann, sei eine ganz andere Frage, aber in der Verantwortung steht man dann eben allein als Mensch und Christ. Es gebe ja z. B. keine »christliche Verkehrspolitik«. Allerdings bedeute Politik aus christlicher Verantwortung für ihn, dass man sich für eine nachhaltige Entwicklung, die Ressourcen schützt, einsetzt.

»Da sind wir uns über die Fraktionen hinweg alle grundsätzlich einig. Was das dann aber konkret in einer Einzelentscheidung bedeutet, ist je nach Einschätzung völlig unterschiedlich.«

In ethischen Fragen im Bundestag, wenn es z. B. um Lebensschutz geht, könne jeder einzelne Abgeordnete frei von Fraktionsvorgaben entscheiden, was er verantworten kann. Und das sei sehr gut so.

Diese schwierigen Entscheidungsprozesse beträfen ja aber nicht nur die Politik, sondern alle gesellschaftlichen Bereiche. In der Kirche sei man auch in vielen Themenfeldern unterschiedlicher Meinung. Das sei also etwas ganz Normales. In solchen Fragen spiele dann das persönliche Gewissen eine entscheidende Rolle. »Ich muss mein Verhalten und meine Entscheidungen vor meinem Gewissen prüfen und als richtig erkennen. Das ist der Maßstab.«

In seiner Rede im Deutschen Bundestag argumentierte Papst Benedikt ja stark mit dem Naturrecht, das letztlich die von Gott gegebene Vernunft dafür verantwortlich macht, dass der Mensch politisch verantwortlich handelt. Und so müsse man politische Prozesse und Entscheidungen eben auch verstehen. Gerade heute habe er im Verkehrsausschuss über das höchst umstrittene Verkehrsprojekt »Stuttgart 21« geredet, und da stünden sich die Fraktionen diametral gegenüber: Die eine Seite halte das Projekt für unverantwortlich und Geldverschwendung, er dagegen sage, gerade seine Verantwortung für die kommenden Generationen verpflichte ihn, dafür zu sorgen, dass Stuttgart nicht abgekoppelt werde. Da habe jeder seine Abwägungen zu treffen und dazu zu stehen. Das eigentlich »Christliche« in diesen Fragen sei oft eine Frage des Stils und des Umgangs miteinander.

»Auch in harten politischen Auseinandersetzungen möchte ich dem anderen noch in die Augen schauen können.« Wenn man dann als Heuchler oder Lügner hingestellt werde, sei das natürlich ärgerlich.

Warum tun sich eigentlich junge Menschen so schwer, sich in der Politik einzubringen, wollen wir von ihm wissen.

Er erlebe gerade eine Phase, in der sich seines Erachtens junge Menschen wieder mehr einbrächten. Sicher habe das aktuell auch mit der Flüchtlingskrise zu tun, aber er habe viel Besuch von Schulklassen und stelle fest, dass die Schüler schon an diesen Themen interessiert seien. Ein Problem bestünde aber einfach auch darin, dass die Zusammenhänge in unserer Welt viel komplexer geworden seien als früher. Das sei ja auch nicht immer einfach darstellbar. Wenn man an die Zeit des Kalten Krieges zurückdenkt, dann gab es da eine klare Frontstellung: auf der einen Seite der Westen, auf der anderen Seite der Osten. Gut und Böse waren sozusagen offensichtlich. Entscheidungen waren deshalb auch oft einfacher zu treffen. Heute sei das sehr komplex: Es gibt die EU mit erweiterten Kompetenzen, komplizierte Mehrheitsverhältnisse im Bundesrat sowie ein selbstbewusstes Bundesverfassungsgericht. Immer wieder müssten auf Krisen gemeinsame Antworten gefunden werden, man denke nur an die Finanzkrise.

»Wenn ich die alten Tagesschausendungen ansehe, vor 20 Jahren etwa ... Die Berichte waren ausführlicher, es ging viel mehr um Innenpolitik. Heute ist an vielen Tagen schon mal die Hälfte Außenpolitik. Da entsteht schnell der Eindruck, dass das alles sehr weit weg ist und einen ja auch nicht direkt betrifft. Wir als Politiker dürfen uns aber nicht herausreden, wir müssen auf die Menschen zugehen, gerade auf die jungen Leute, das ist unsere Aufgabe. Wir müssen sie ermutigen, Dinge in die Hand zu nehmen, um etwas zu bewegen. Gespräche und Rückmeldungen beeinflussen uns selbstverständlich in unseren Entscheidungen. Jeder Brief, den ich bekomme, hat einen gewissen Einfluss auf mich.«

Bilger sorgt sich um die aktuellen politischen Entwicklungen. Wir fragen ihn, ob darin nicht auch die Chance liegt, dass endlich wieder politisch diskutiert wird und wir wieder richtige Auseinandersetzungen führen.

Das sei schon gut, sein Problem sei aber, dass zum Beispiel durch die Hintertür neue Begriffe wie »völkisch« ins Gespräch gebracht würden, die man lange für überwunden erachtet habe. »Es gibt weniger Bewusstsein für das, was aufgrund unserer Geschichte einfach nicht geht. Manche Entwicklung hätte ich so in Deutschland nicht für möglich gehalten. Das fängt schon mit der Verrohung der Sprache an und endet dann im schlimmsten Fall in Zuständen wie in der Weimarer Republik.« Bilger stört sich an der harten Rhetorik der AfD, auch an den Diffamierungen auf Demos, die gewisse Grenzen überschreiten.

»Leider war das auch bei ›Stuttgart 21‹ der Fall. Sogar ältere Herrschaften haben uns drastisch als ›Lügenpack‹ beschimpft. Da bricht etwas weg, bis in die Mitte der Gesellschaft hinein. Das ist keine gute Entwicklung, wenn wir so miteinander umgehen.«

Bilger ist viel in den sozialen Medien unterwegs. Facebook und Twitter gehören zu den Medien, die viele Abgeordnete wie selbstverständlich nutzen. Auch dort finde man natürlich viel Abwegiges. Das Problem sei, dass Menschen mit jeder abwegigen Meinung, die sie posten, im Internet Gleichgesinnte finden können. Das verstärke sich dann automatisch und eine Folge sei eine gewisse Verrohung. Lachend fügt er dazu: Wer im Verkehrsausschuss sitzt, hat aber in der Regel weniger mit den sogenannten »Shitstorms« zu tun, die sich im politischen Bereich eher in anderen Themenfeldern abspielen.

Das Internet sei aber auch eine Chance für mehr Bürgerbeteiligung. Durch soziale Medien eröffneten sich neue Möglichkeiten, Politik zu transportieren und in den Dialog zu kommen. Die Piratenpartei habe komplett auf Transparenz im Netz gesetzt und sei krachend gescheitert. Nach dem Brexit seien auch die glühenden Verfechter von mehr Bürgerbeteiligung nachdenklich geworden. »Volksbefragungen, also direkte Demokratie, sind kein Allheilmittel.« Denn da gehe es oft um sehr komplexe Sachverhalte, die sich nicht auf ein »Ja« oder »Nein« herunterbrechen lassen. Wenn es aber eine Abstimmung gegeben habe, dann müsse man die Entscheidung akzeptieren. Transparenz schaffen, Bürgerbeteiligung einräumen, wo es sinnvoll ist, das sei wichtig. Und hier liege schon die Verantwortung aufseiten der Politik, schließlich müsse sie auf die Bürger zugehen und das Gespräch suchen, auch unter Einbindung der sozialen Medien, die Bürgersprechstunde und der Besuch im Gasthaus blieben aber wichtig.

Bilger kommt aus einem frommen Elternhaus. Der Vater ist Diakon, die Mutter Erzieherin in einem christlichen Kindergarten, der Bruder württembergischer Pfarrer. Nimmt man da Schaden, fragen wir ihn.

»Im Gegenteil, das war für mich sehr wichtig. Nicht nur in der Familie, sondern auch in der Gemeinde habe ich hier viel mitbekommen. Christliche Prägung darf man nicht unterschätzen. Ich erinnere mich an eine Abgeordnete von den Linken, die politisch schon sehr weit links steht, aber gelegentlich zum Gebetsfrühstück kam. Sie erzählte einmal, dass sie mit ihrem Vater als Kind immer die Losung gelesen habe. Das hat sich bei ihr festgesetzt. Jugendarbeit, ein christliches Elternhaus prägen ein Leben lang. Für mich heißt das, dies erst einmal an meinen Sohn weiterzugeben und auch weiterhin die Arbeit von christlichen Jugendverbänden zu unterstützen.«

Schon während ich die nächste Frage an ihn richte, beginnt Steffen Bilger breit zu grinsen. Ich möchte wissen, wie es dem relativ jungen Abgeordneten damit gegangen sei, als er in Berlin in einer christlichen Partei die Entdeckung machen musste, dass es nicht immer nur christlich zugehe.

Er habe da schon so seine Aha-Erlebnisse gehabt. Es verfolge ja nicht jeder in seiner Partei mit seinem Engagement dasselbe Ziel. Das Verständnis der CDU sei nicht, dass sie eine christliche Partei sei, sondern eine mit christlichen Grundsätzen, zu denen sich jeder zu bekennen habe. Glaubenseinstellungen können unterschiedlich sein, aber die Grundsätze seien zu akzeptieren. Deshalb könne die CDU auch in Regionen punkten, wo es nur wenige Christen gebe.

Als christlicher Politiker habe er deshalb eine klare Meinung zum Thema Flüchtlingskrise und wachsendem Islam in Deutschland. Viele sähen darin in erster Linie eine Bedrohung. Das liege aus seiner Sicht vor allem daran, dass wir unsere eigenen Werte zu wenig lebten. »Wir müssen zu dem stehen, was unsere Wurzeln sind.« Deshalb ginge es auch nicht, dass wir übertrieben tolerant seien und die eigenen Werte zurückstellten, um Konflikte zu vermeiden. »Niemand darf wegen der gewachsenen Zahl an Muslimen auf einen Schulgottesdienst verzichten oder das Kruzifix im Gerichtssaal abhängen müssen. Pfarrer können selbstverständlich nach wie vor auch öffentliche Gebäude mit dem Segen Gottes einweihen, warum denn nicht? Es gibt viele Dinge, an denen wir spüren können, dass wir in Deutschland christlich geprägt sind. Aus falsch verstandener Toleranz ziehen wir uns zurück und Zugereiste wissen dann nicht, in was für einem Land sie leben und was unsere christlichen Wurzeln sind. Unsere Leitkultur kennenzulernen, das können wir einfordern. Und dann sollten wir auch klar sagen, welche Spielregeln hier gelten. Alle Formen des Extremismus gehen nicht, die Verweigerung von Integration dürfen wir nicht zulassen. Wenn wir dann zu dem stehen, was uns stark gemacht hat, muss uns nicht bange sein. Konflikte wird es trotzdem geben, das gehört eben zum Leben dazu. Ich finde zum Beispiel, dass der Religionsunterricht an die Schule gehört, damit unsere Werte dort auch vermittelt werden. Sicher gehört heute auch islamischer Religionsunterricht dazu. Das ist in Ordnung. Leider sind die islamischen Verbände nicht so weit, dass sie mit *einer* Sprache sprechen und dass sie so ihren Teil zum Unterricht beitragen können.«

»Stellen Sie sich vor, Herr Bilger, die evangelische Kirche lädt Sie auf die Synode ein, um dort das zu sagen, was Ihnen wichtig ist.«

Bilger stellt zunächst fest, dass er mit der württembergischen Landeskirche und ihrem Bischof sehr zufrieden ist. Die Basisverwurzelung der evangelischen Kirche in Württemberg stelle sicher, dass die Landeskirche sich nicht von den Gemeindegliedern und der biblischen Lehre entferne. Nicht verstehen könne er, wenn ausgerechnet aus bestimmten Kreisen der Kirche kritisiert werde, dass Pfarrer Flüchtlinge tauften. Darüber könne man sich doch nur freuen! Gewisse Tendenzen innerhalb der EKD sehe er sehr kritisch. Viel zu selten gehe es um biblisch vorgegebene Grundlagen. Viele Äußerungen seien politisch einseitig motiviert. Das ärgere auch Gemeindeglieder und werde in der Öffentlichkeit oft als irritierend wahrgenommen.

Es gebe ja Themen, die für die Kirche auf der Hand lägen: bedrängte christliche Flüchtlinge in Flüchtlingsheimen und Christenverfolgung weltweit. Da wundere er sich schon über die verhältnismäßig große Zurückhaltung. Wo es hingegen um eine eher rot-grüne Familienpolitik gehe, da sei die EKD engagiert dabei.

In einem Gespräch mit Kirchenvertretern seien ihm kürzlich Broschüren der Caritas und der Diakonie überreicht worden. Er habe dann darin die Empfehlung entdeckt, dass Gemeinden z. B. Geld sammeln könnten, um Fahrdienste zu finanzieren, damit Muslime im Ramadan zur Moschee fahren könnten. »Das finde ich absurd. Ist das eine Aufgabe von Christen?« Deutliche Worte, in denen Enttäuschung mitschwingt.

Als es klopft, weil schon der nächste Termin wartet, stelle ich ihm die Schlussfrage: Wie geht der Politiker Bilger mit Druck, Anspannung, Auseinandersetzungen und der regelmäßigen Trennung von der Familie um?

Politiker können es nicht allen Menschen recht machen, das habe er lernen müssen. »Wir müssen Entscheidungen treffen. Dabei ist ein großes Problem der Zeitdruck, der dann auch zu Fehlern führt. Man muss sich einerseits ein dickes Fell zulegen, andererseits möchte ich aber auch nicht abstumpfen, irgendwo dazwischen führt der Weg entlang. Der Sonntag ist für mich wichtig, immer wenn es uns möglich ist, besuchen wir den Gottesdienst. Oft beginnt danach schon der nächste Termin. Aber ein normales Gemeindeleben oder eine Mitarbeit sind leider unmöglich.«

Wenn er zusammenfassen müsste, was außerdem neben der Politik für ihn wichtig sei, dann sei das: ein bisschen Tennis und als Erstes die Familie. Den VfB hat er dabei ganz vergessen …

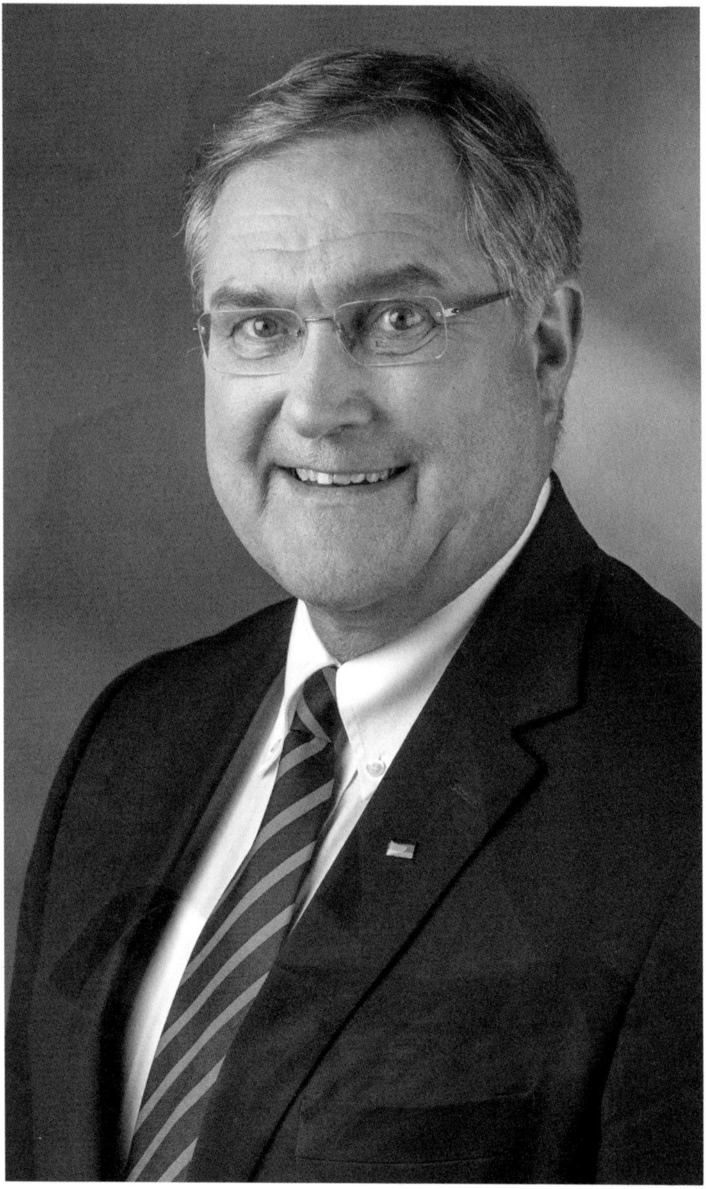

FRANZ JOSEF JUNG

Dr. Franz Josef Jung ist Jahrgang 1949, Jurist und bekleidete in seiner Karriere mehrere Ministerämter. Von 1999 bis 2000 war er hessischer Minister für Bundes- und Europaangelegenheiten sowie Chef der Staatskanzlei. Von 2005 bis 2009 war er Bundesverteidigungsminister und dann 2009 Bundesarbeitsminister, als er aufgrund der sogenannten »Kundusaffäre« seinen vorzeitigen Rücktritt einreichte und damit die politische Verantwortung für den Vorfall übernahm. Heute ist er stellvertretender Vorsitzender der CDU/CSU-Bundestagsfraktion und Beauftragter seiner Fraktion für Kirchen und Religionsgemeinschaften. Der katholische Christ ist verheiratet und hat drei Kinder. Nicht zu vergessen der Hessen-Vorsitz des »EFC Bundes Adler«, des Fanklubs von Eintracht Frankfurt im Deutschen Bundestag.

DAS GESPRÄCH

Wir treffen uns im Jakob-Kaiser-Haus in Berlin, einem der Abgeordnetenhäuser des Deutschen Bundestages. Die zu Ende gehende Sommerzeit bietet noch etwas Luft für ein Treffen am Vormittag, obwohl der Flug von Frankfurt nach Berlin am Tag vorher gecancelt wurde und Jung erst spät am Abend ankam.

Wir gehen zunächst einmal auf die Terrasse, von der aus man einen wunderbaren Blick auf den Bundestag hat, und beginnen dann in Ruhe unser Gespräch.

Auf meine Eingangsfrage, welche Bedeutung aus seiner Sicht die Präambel des Grundgesetzes in unserer säkularisierten Gesellschaft noch habe, antwortet er:

»Sie hat an Bedeutung und Aktualität überhaupt nichts verloren. Sie ist zeitlos und rückblickend ist es auch heute noch beeindruckend, wie universell die Mütter und Väter des Grundgesetzes ihre Worte zur damaligen Zeit gewählt haben.« Natürlich müsse man sie auch vor dem Hintergrund der damaligen Zeit verstehen: Deutschland hatte mit einem fatalen Krieg und der Vernichtung fast allen jüdischen Lebens große Schuld auf sich geladen. Die damals noch junge Demokratie brauchte eine Instanz, aus der sie ihre Verantwortung ableiten konnte. Die bewusste Hinwendung zu Gott lag daher nahe. Der Begriff der Demut sei im Text nicht explizit erwähnt, er sei jedoch zwischen den Zeilen deutlich lesbar. Gleichzeitig achte die Formulierung sehr präzise die Neutralität des Staates, denn es heißt ja »vor Gott und den Menschen« – sie berücksichtige also gleichzeitig sowohl den generellen Gottesglauben als auch die humanistische Prägung.

Jung fährt fort: »Heute ist die Formulierung aktueller denn je. Angesichts zunehmender religiöser Pluralisierung spiele der Gottesbezug eine große Rolle. Die Präambel erinnere und mahne die Bürger in Deutschland insgesamt – und insbesondere diejenigen, die Gesetz gestalten und anwenden – immer wieder an ihre Verantwortung: vor Gott und den Menschen.

Als religionspolitischer Sprecher der CDU/CSU-Fraktion steht der Abgeordnete Jung für das Thema »Christlicher Glaube und Politik«. Ich frage, ob das heute wirklich noch eine politische Rolle spiele.

Jung findet, dass die Trennung von Kirche und Staat gut sei, jedoch sei Deutschland kein laizistisches oder säkulares Land im Sinne einer Negierung jeglicher Religiosität. An diesem weitverbreiteten Missverständnis müsse gearbeitet werden. Säkular sein heiße ja im Kern, der Staat habe sich religiös neutral zu verhalten, d. h. er dürfe keine Religion bevorzugen, aber er müsse deshalb Religion nicht verbannen. Auch die Politik bleibe wertebezogen.

Das Bundesverfassungsgericht hatte hierzu interessanterweise formuliert, dass die dem Staat gebotene weltanschaulich-religiöse Neutralität nicht als eine distanzierende, im Sinne einer strikten Trennung von Staat und Kirche zu verstehen ist, sondern als eine offene und übergreifende, die Glaubensfreiheit für alle Bekenntnisse gleichermaßen fördernde Haltung.

Daher sei es bezogen auf den politischen Alltag kein Widerspruch, wenn sich CDU und CSU als Parteien und ihre Abgeordneten auf das christliche Menschenbild bezögen und daraus ihr Fundament für ihre politischen Entscheidungen ableiteten. Es gebe keine christliche Politik, aber sehr wohl Christen in politischer Verantwortung!

Das hört sich richtig an, aber ich möchte es genauer wissen. Wie sieht es denn mit der Verantwortung konkret aus?

Jung holt aus: »Als Politiker treffen wir so gut wie jeden Tag Entscheidungen, die über das Leben und Zusammenleben entscheiden. Fast jede Gesetzgebung dreht sich im Kern genau darum: Wie können wir das Leben der Menschen auf der Basis von Solidarität, Freiheit und Gerechtigkeit gestalten?

Besondere Verantwortung spüre ich bei Themen, die den Kernbereich menschlichen Lebens betreffen. Beispielsweise war die Debatte um die Sterbehilfe im Jahr 2015 im Deutschen Bundestag prägend. Im Grenzbereich zwischen Leben und Tod eine allgemeingültige Entscheidung zu treffen, ist eine besondere Herausforderung. Auch die Einsätze unserer Soldatinnen und Soldaten im Ausland zeigen mir immer wieder die große Tragweite politischer Entscheidungen und die Verantwortung, die damit verbunden ist.

Als ehemaliger Bundesverteidigungsminister liegen mir natürlich die Belange der Soldatinnen und Soldaten unseres Landes am Herzen. Grundsätzlich geht es jedoch nicht um die Anzahl von Engagements, sondern darum, wo sich jeder in unserer Gesellschaft nach seinen Kräften einbringen kann und Verantwortung übernimmt – im Kleinen wie im Großen. Dazu gehört gerade für mich als Politiker ja auch meine eigene Familie. Hier angesichts der beruflichen Belastung Verantwortung zu übernehmen ist nicht einfach. Inzwischen habe ich schon drei Enkel, die mir und meiner Frau viel Freude machen.

Zur Verantwortung gehören also ganz unterschiedliche Bereiche, offizielle und persönliche. Es steht niemandem zu, das eine als besser oder schlechter zu bewerten. Solange jeder Einzelne bereit ist, sich uneigennützig ein Stück weit einzubringen, ist jedem geholfen. Das ist auch ein christliches Prinzip.«

Die letzten Jahre haben Deutschland verändert, wir diskutieren auf allen Ebenen über den Zusammenhalt in der Gesellschaft, über die Rolle der Religionen und besonders über den Islam. Ob der Islam ein zunehmendes Problem darstelle, frage ich ihn.

Er wolle das Thema beileibe nicht verharmlosen, gerne aber die Diskussion wieder auf ein Normalmaß zurückführen und zu mehr Sachlichkeit. In Deutschland gehörten immer noch rund 50 Millionen Menschen den beiden großen christlichen Kirchen an. Mit den christlich-orthodoxen Kirchen und den zahlreichen weiteren christlichen Strömungen seien es noch deutlich mehr. Daneben lebten in Deutschland inzwischen glücklicherweise wieder mehr als 100.000 Menschen jüdischen Glaubens. Vor dem Flüchtlingszustrom bezeichneten sich rund 4 bis 4,5 Millionen Menschen in Deutschland als Muslime, die sich auf unterschiedliche Strömungen aufteilen. Daneben hätten weitere religiöse Minderheiten ihren Weg nach Deutschland gefunden, wie die Jesiden oder die Bahaí. Damit fände insgesamt der größte Teil der Bevölkerung in unserem Land Halt im Glauben. Von Säkularisierung zu reden, sei daher nicht angebracht.

Unbestritten sorgten bestimmte Strömungen des Islam – insbesondere der fundamentalistische und extremistische Islam – für verständliche Sorgen und Ängste in der Bevölkerung. Hier müssten wir energisch ansetzen. Deshalb würden im Jahr 2016 rund 90 Moscheen, die durch Hasspredigten aufgefallen seien, vom Bundesverfassungsschutz beobachtet.

Gleichzeitig sollten wir vor allem den Muslimen eine Stimme geben, die ihren Glauben im Einklang mit unserer freiheitlich-demokratischen Grundordnung lebten. Kritischer müssten wir mit den etablierten muslimischen Verbänden und Moscheevereinen umgehen, die teilweise materiell, ideell und politisch stark von ihren Herkunftsländern abhängen. Hier sollte stärker daran appelliert werden, dass diese sich unabhängig, selbständig und rechtstreu aufstellten und die Trennung von Staat und Religion einhielten.

Klar sei: Die Religionsfreiheit gelte für alle gleichermaßen, d. h.

jeder kann seine Religion frei wählen, sie wechseln oder auch keine haben. Zur freien Religionsausübung gehöre es, die eigene Überzeugung allein oder in Gemeinschaft mit anderen in der Öffentlichkeit oder privat durch Lehre, Gottesdienst und Vollziehung eines Ritus zu bekunden. Dazu gehöre selbstverständlich auch der Bau von Moscheen.

Vielfach sei heute die Rede davon, dass das gedeihliche Miteinander schwieriger werde und die Mitte der Gesellschaft auseinanderdrifte. Ich frage, wie dem entgegenzuwirken sei.

Die Antwort Jungs ist im Grunde zunächst sehr einfach und klar: indem sich alle an Recht und Gesetz halten und sich in gegenseitigem Respekt üben! Nur eine friedliche und freie Gesellschaft, die sich auf ihre Rechte verlassen kann und ihre Pflichten kennt, könne sich gedeihlich entwickeln. Aber, so räumt er ein, so einfach sei das natürlich im Alltag nicht; die Dinge müssten eben doch oft im Einzelnen diskutiert und miteinander ausgehandelt werden. Nicht alles ließe sich bis in die kleinsten Verästelungen der Gesetzestexte regeln, dazu gehöre schließlich auch das Wertefundament unseres Zusammenlebens.

Aus diesem Grund habe die CDU/CSU-Bundestagsfraktion mit ihrer »C-Reihe« eine regelmäßige Diskussionsplattform zum Zusammenleben auf Basis christlicher Grundwerte ins Leben gerufen. Auch die beiden großen christlichen Kirchen leisteten hier ihren Beitrag. Er würde sich hier ein noch viel breiteres Angebot wünschen. Das Engagement ziviler Akteure wie die »Wertestarter Stiftung für Christliche Wertebildung« begrüße er daher ausdrücklich.

Wir wechseln das Thema. Franz Josef Jung hat in einem Kommentar zu dem schrecklichen Terroranschlag von Brüssel folgenden bemerkenswerten Satz geschrieben: »Vor dem Hintergrund des menschenverachtenden Terroranschlags in Brüssel liegt dem Karfreitag und den Ostertagen in diesem Jahr eine besondere Schwere, aber auch eine besondere Botschaft inne. Karfreitag als Erinnerung an das Leiden und Sterben Jesu für uns Menschen erinnert uns an die eigene Endlichkeit, aber auch an Themen wie Verrat und Vergebung.« Ich frage ihn, wie man hier von Vergebung sprechen könne.

Man müsse hier deutlich zwischen der Verantwortungsethik und der Gesinnungsethik unterscheiden, so Jung. Letztere fuße im engeren Sinn auf dem christlichen Glauben. Der Staat habe die Verpflichtung, seine Bürger zu schützen, und das müsse auch mit harten Reaktionen verbunden sein.

Zum Thema Vergebung hätten ihn nach den Terroranschlägen in Paris und Brüssel Angehörige der Opfer beeindruckt. »Meinen Hass bekommt ihr nicht«, hätten einige den Terroristen zugerufen. Dies sei ein zutiefst christlicher Zug.

Ich will es konkret wissen und bohre nach: Im Jahr 2009 übernahm er als damaliger Minister die politische Verantwortung für die fehlenden Informationen rund um den Luftschlag in Kundus, Afghanistan. Dabei waren rund einhundert Menschen, davon viele Zivilisten und auch Kinder, getötet worden. Der Einsatz wurde stark kritisiert und Jung trat von seinem Ministeramt zurück, auch wenn seine persönliche Unschuld erwiesen war. Die Medien lästerten, wie so oft, und ich stelle ihm die Frage, wie man als Politiker mit solchen Tiefschlägen umgeht.

»Die Kritik damals fand ich extrem unberechtigt, denn die deutschen Soldaten waren unmittelbar bedroht gewesen.« Jung führt weiter aus: »Oberst Klein hatte nur die Information, dass das Taliban seien. Vor dem deutschen Camp waren also die Tanklastwagen, deren Fahrer umgebracht worden waren, und es bestand die Gefahr, dass die Lastwagen auf unsere Soldaten zurollen könnten und deren Leben deshalb bedroht war. Diese Information hatte ich. Als sonntags die Botschaft kam, dass Zivilisten zu Tode gekommen waren, habe ich sofort meine Anteilnahme ausgedrückt. Dennoch war die politische Situation eindeutig. Für meine Person fand ich die Anschuldigungen ungerecht und das hat mich auch betroffen gemacht. Das gebe ich offen zu.

Auf der anderen Seite war mir klar: Wenn man in einer solchen Aufgabe steht, muss man die politische Verantwortung übernehmen. Ein Amt ist immer auf Zeit gegeben und damit begrenzt. Ich bin zurückgetreten und habe dann meine Aufgaben als Parlamentarier wahrgenommen und die Erfahrung unter dem Strich dann doch ganz gut weggesteckt. Ich bin mit Leib und Seele Parlamentarier und kann auch ohne Ministeramt leben.« Der Gedanke, dass er sich so etwas nicht mehr antun wolle, sei ihm nie gekommen.

Wir wechseln das Thema. Auf die Frage nach der Rolle der beiden großen Kirchen angesichts abnehmender Mitgliederzahlen antwortet Jung energisch. Allmählich geht er immer mehr aus sich heraus und verfällt in seinen hessischen Dialekt. Man spürt, dass sein Herz für die Kirche schlägt, hier leidet auch der Christ Franz Josef Jung. Das Manuskript hat er längst beiseitegelegt.

»Die beiden großen Kirchen haben aus unterschiedlichen Gründen leider einen Vertrauensverlust erlitten. Aus Gesprächen mit Bürgerinnen und Bürgern weiß ich, dass die Mehrheit die Bedeutung der Kirchen und deren Angebote gerade auch als soziale Akteure im Bereich der Pflege, der Fürsorge und der Bildung zu schätzen wissen. Ohne die Kirchen würde hier eine große Lücke entstehen, die der Sozialstaat alleine kaum ausfüllen könnte. Zudem suchen die Menschen in einer globalisierten Welt vermehrt nach einem Anker – hier können auch die Kirchen einen Beitrag leisten. Es steht mir grundsätzlich nicht an, den Kirchen einen Rat zu erteilen, aber wenn diese sich wieder mehr auf ihren Kern besinnen – die Verkündung der Botschaft von Jesus Christus und den Aufruf zum Glauben –, könnten sie es auch aus der Vertrauenskrise schaffen. Die Gemeinschaft der Gläubigen halte ich für einen Wesenskern des aktiven christlichen Glaubens, den ich selbst lebe. Daher engagiere ich mich auch als Kommunionhelfer in meiner Gemeinde. Für mich gehört das zu meinem Selbstverständnis als gläubiger Christ.

Die Kirchen müssen aus meiner Erfahrung heraus wieder näher bei den Menschen sein. Ich habe das neulich bei der Einschulung meines Enkels erlebt. Da werden große Chancen nicht genutzt! Die Menschen suchen nach Halt und Antworten auf ihre Fragen und werden zu wenig ernst genommen. Auch emotional wird in der Kirche zu wenig getan. Die Menschen wollen doch mitgenommen werden. Wenn man engagierte Pfarrer hat, geht das. Leider hat unser Pfarrer vier Pfarrgemeinden zu betreuen. Da wundert es nicht, wenn er zu vielem eben nicht mehr kommt. Das kann ich verstehen. Aber da könnte man ja auch Laien engagieren. Gerade am vergangenen Wochenende war ich wieder als Kommunionhelfer aktiv. Da hatten wir im Gottesdienst so tolle Musik, dass man ganz begeistert aus der Kirche ging. Solche Erlebnisse müssen wir neu vermitteln.«

Auf meinen Einwurf, dass in der katholischen Kirche ja wenigstens im Gottesdienst mit Weihrauch, farbigen Gewändern und Gesängen »etwas mehr los sei als bei den Protestanten«, lacht er.

»Da haben Sie schon recht. Aber wenn ich dieselben Messgesänge zum hundertfünfzigsten Mal wiederhole, dann frage ich mich auch, ob das nicht anders geht.« Er halte es deshalb für gut, dass sich der Papst mehr den Menschen zuwende. »Man spürt bei ihm ja auch, dass ihm die Menschen wichtig sind. Hoffentlich bleibt ihm noch etwas Zeit dafür!«

Am Ende bleibe aber eine Gewissheit, die sein Leben geprägt habe, so Jung: »Für mich persönlich hat mein Glaube als Katholik eine wesentliche Bedeutung. Mein Glaube an Gott als meinen Schöpfer und mein Glaube an das ewige Leben geben mir Kraft und Halt im Leben. Und das bleibt, auch über die Politik hinaus.«

Dietmar Nietan | © Susie Knoll

DIETMAR NIETAN

Dietmar Nietan, geboren 1964 in Düren, hat Biologie und Sozialwissenschaften studiert (ohne Abschluss). Während seines Studiums arbeitete er als Pflegediensthelfer, später dann in einem Büromaschinenbetrieb. Bereits im Alter von 16 Jahren trat er in die SPD ein. Der Vater von zwei Kindern ist seit 1998 mit Unterbrechungen Abgeordneter des Bundestags. Neben seinem Arbeitsschwerpunkt Außen- und Europapolitik kümmert er sich seit 2014 als Bundesschatzmeister um die Finanzen der SPD. Damit ist Nieten an der Spitze der Bundespolitik seiner Partei angekommen und arbeitet dort eng mit dem Parteivorsitzenden Sigmar Gabriel zusammen.

DAS GESPRÄCH

Dietmar Nietan ist ein engagierter Abgeordneter. In seinem Wahlkreis Düren bietet er Hausbesuche an unter dem Motto: »Sie machen den Kaffee, ich bringe den Kuchen mit.« So kommt es zu illustren politischen Kaffeekränzchen mit jungen Leuten, Familien und Senioren. Nietan gehört im Parlament zu den erfahrenen Abgeordneten und es geht ihm wie vielen anderen auch: Neben dem Engagement im Wahlkreis kommt das Mandat als Bundestagsabgeordneter, dann der Einsatz für die Partei, zudem die Mitgliedschaft in rund einem Dutzend Vereinen und Verbänden. Wer gewählt werden will, muss präsent sein und mitmachen.

In der Sitzungswoche des Parlaments hat Nietan einen Termin fest im Kalender stehen – der Freitagmorgen ist gesetzt. Denn dann treffen sich rund 30 Abgeordnete aller Fraktionen zum Gebetsfrühstück. Ein Bibelvers wird gelesen, eine Person legt ihn aus, man tauscht sich aus und frühstückt nebenher, denn die Zeit ist knapp. Zum Schluss wird gebetet. Dann geht es für die Abgeordneten direkt ins Parlament. Oder noch kurz zu einem Gespräch ...

Auf die Frage, wie er denn die Einführung ins Grundgesetz, die Präambel von der »Verantwortung vor Gott und den Menschen«, beurteilt, holt Nietan aus.

Er könne sich sehr gut vorstellen, dass sich auch Mitglieder des Parlamentarischen Rates, die sich seines Wissens selbst weniger oder gar nicht als gläubige Christen verstehen, durchaus mit dem Verweis auf die Verantwortung vor Gott in der Präambel des Grundgesetzes einverstanden erklären könnten. »Denn die Väter und Mütter unseres Grundgesetzes bezogen sich mit diesem Gottesbezug ja auf eine Verantwortung, die über die von Menschen geschaffenen Kategorien wie Falsch und Richtig oder Gut und Böse hinausweist.«

Dieser Hinweis auf die »letzten Dinge« – also auf etwas, das sich dem Zugriff menschlicher Macht entzieht – deutet an, dass das deutsche Volk seine Lehren aus der Unterwerfung unter einen einzigen Menschen, den »Führer« Adolf Hitler und dessen faschistischen Größenwahn, ziehen wolle.

»Man muss also nicht unbedingt an Gott glauben, um in den

ersten Zeilen der Präambel jene Demut zu erkennen, die uns immer wieder Einkehr, Selbstbefragung und Hochachtung vor dem Leben ermöglicht. Vielleicht ist ja ein eklatanter Mangel an Demut eine der entscheidenden Ursachen dafür, dass in unserer Welt Menschen so viel Leid über andere Menschen bringen?«

Als Vorsitzender der Stiftung für die internationale Jugendbegegnungsstätte in Auschwitz übernahm Nietan eine große, aber auch heikle Aufgabe. Aber Verantwortung zu übernehmen ist »sein Ding«. Wie es dazu kam, erzählt er anhand einer eindrücklichen Begegnung in Israel.

Im Jahr 1999 hatte der damals recht junge Bundestagsabgeordnete mit einer Delegation von SPD und Grünen in der israelischen Holocaustgedenkstätte Yad Vashem ein Gespräch mit dem großen Yehuda Bauer, einem der bedeutendsten jüdischen Historiker. »Ich werde diese bewegende Zusammenkunft, seine unmittelbar spürbare Menschenfreundlichkeit und seinen herausragenden Intellekt niemals vergessen. Er gab uns damals folgende eindringlichen Worte mit auf den Weg: ›Tun Sie mir bitte einen großen Gefallen: Fühlen Sie sich niemals schuldig für die Shoa! (Anmerkung des Autors: Vernichtung der Juden). Sie waren damals noch nicht geboren. Sie tragen keinerlei Schuld. Aber als Deutsche tragen Sie eine besondere Verantwortung dafür, dass das, was war, niemals vergessen wird, damit sich so etwas nie mehr wiederholen kann!‹«

Darum ginge es heute bei seinem Engagement gegen das Vergessen und Verdrängen von Menschheitsverbrechen wie dem Holocaust oder dem Genozid an den Armeniern und anderen christlichen Minderheiten im damaligen Osmanischen Reich. Es sei immer die Verantwortung gegenüber den Opfern. Nietan zitiert den Auschwitzüberlebenden Elie Wiesel, der den Abgeordneten des Deutschen Bundestags Folgendes ins Stammbuch geschrieben hat: »Wer sich dazu herbeilässt, die Erinnerung an die Opfer zu verdunkeln, der tötet sie ein zweites Mal.«

Als christlich geprägtem Abgeordneten sind Nietan eindeutige Werte wichtig. Die demografische Entwicklung, die Zuwanderung, die Osterweiterung von NATO und EU, die digitale Revolution, der Klimawandel stellen jeden Abgeordneten immer wieder vor die Herausforderung, in der jeweiligen Situation tragfähige und auch konsensfähige Entscheidungen zu treffen. Braucht man da nicht ein Wertegerüst, auf das man sich beziehen kann, fragen wir ihn.

Nietan ist sich nicht sicher, ob der Begriff vom »Wertegerüst« hilfreich dabei ist. Ein Gerüst sei doch sehr starr und gesellschaftliche Normen, Traditionen, Rollenerwartungen und auch eigene Erfahrungen, die Lebensumstände und noch vieles mehr beeinflussten die Wertewelt jedes einzelnen Menschen mehr, als der es wahrhaben möchte. Es sei normal, dass Werte sich entwickeln und im Laufe der Zeit auch ändern. Deshalb sehe er auch nicht »*das* eine Wertegerüst«, mit dessen Hilfe sich die vor uns liegenden Herausforderungen am besten meistern lassen.

Nietan redet deshalb lieber vom Menschenbild. »Sehe ich jeden Menschen – auch denjenigen, den ich für eine *Gefahr für die Menschheit* ansehe – als einen Mitmenschen, der mit unveräußerlichen Rechten und mit einer unantastbaren Würde ausgestattet ist? Nehme ich die Würde eines Menschen zum Maß aller Dinge, oder schaue ich eher auf Ordnungen, Regeln und konformes Verhalten?«

Hier spiele auch die Frage der Barmherzigkeit eine entscheidende Rolle. »Jeder Mensch macht sich durch falsches oder unterlassenes Handeln immer wieder schuldig. Nobody is perfect! Machen wir uns das immer wieder klar, oder ertappen wir uns nicht vielmehr oft dabei, gnadenlos in unserem Urteil über den anderen zu sein?«

Nietan möchte dabei nicht missverstanden werden. Menschliches Zusammenleben brauche natürlich Regeln. Es müsse schon die Stärke des Rechts und nicht etwa das Recht des Stärkeren gelten. Und selbstverständlich müsse am Ende jeder Mensch für sein Handeln selbst die Verantwortung übernehmen. Und doch dürften wir uns nicht mit dem Hinweis auf Regeln und Gesetze vor unserer Verantwortung für einen menschlichen Umgang mit dem Nächsten drücken. »Wenn wir den Menschen Hoffnung geben wollen, muss sich ein solches Menschenbild in der Politik wiederfinden. In einer Politik des UND.«

Am Beispiel Griechenlands und seiner Schulden führt er das aus: Selbstverständlich müsse Griechenland sparen. Und es waren natürlich auch Entlassungen im öffentlichen Sektor unausweichlich. Aber warum musste die Troika mehr Wert auf die Absenkung des Mindestlohns legen, als schnell darauf zu drängen, dass die reichen Griechen endlich ihre Steuern zahlen? Warum gab es nicht eine konsequente Reformpolitik UND mehr Anstrengungen der EU, massiv gegen die Jugendarbeitslosigkeit in Griechenland vorzugehen oder etwa in der Frage der medizinischen Versorgung der Armen mehr zu helfen? Die Menschen in Griechenland wussten doch schon lange, dass sich die Dinge dort grundlegend würden ändern und wohl jeder würde Opfer bringen müssen. Sie hatten aber zu Recht den Eindruck, dass bei der »Rettung« der griechischen Finanzen eine »kalte« Ordnungspolitik über einen harten, aber mit menschlichem Antlitz versehenen Reformkurs gesiegt hat. »Das mag die richtige Politik nach dem Ökonomie-Lehrbuch gewesen sein, aber das war keine menschliche Politik.« Für ihn stehe deshalb eines fest:

Wir brauchen eine Politik des UND: notwendige Reformen UND eine soziale Begleitung dieser Reformen. Eine Politik für bessere Rahmenbedingungen für Unternehmensinvestitionen UND eine Stärkung von Arbeitnehmerrechten. Eine solche »unideologische« am Gemeinwohl und der Menschenwürde orientierte Politik wäre für ihn am ehesten ein brauchbarer Kompass für die vor uns liegenden Herausforderungen.

Spätestens bei diesen Sätzen spürt man nicht nur das soziale Gewissen von Nietan, sondern das der Sozialdemokratie.

Es muss gerecht sein, fair bleiben und der kleine Mann und die Frau müssen im Blick behalten werden. »Politik für alle«, fordert der Mann aus dem rheinischen Revier. Apropos Revier: Im Wahlkreis Düren spiele der Braunkohlentagebau immer noch eine wichtige Rolle. Die Erkenntnis, dass weltweit alle Ressourcen begrenzt seien, setze sich aber auch dort mehr und mehr durch. Klimaschutz und Nachhaltigkeit würden immer wichtiger, die Erderwärmung sei schließlich in aller Munde.

Für Nietan ist Nachhaltigkeit begrifflich eindeutig zugeordnet. Es geht nicht nur um Natur, sondern auch um die Bewahrung der Schöpfung Gottes. Gerade die Bewahrung der Schöpfung sei heute »leider« zu einer der drängendsten Aufgaben geworden. Es gehe dabei nicht nur um die Ausbeutung der Natur, die Verhinderung einer Klimakatastrophe oder den Naturschutz. Es gehe vielmehr darum, dass wir alle, die wir in den Industriestaaten leben, unsere bisherigen Produktionsweisen und unsere Konsumfixierung grundlegend überdenken und verändern. Dies müsse aber auch bedeuten, allen Menschen auf der Welt bessere Lebensbedingungen zu ermöglichen. Dazu müssten die reichen ehemaligen Kolonialmächte mit den von ihnen oft jahrhundertelang ausgebeuteten ehemaligen Kolonien fair umgehen. »Und vor allen Dingen sollten wir uns eine arrogante Überheblichkeit verbieten«, dass nun auch noch jedermann zu vermitteln sei, am deutschen ökologischen Gewissen habe die ganze Welt zu genesen. Wahrlich ein Spagat …

Diese Herausforderungen seien nicht im Alleingang zu lösen. Wir bräuchten vielmehr weltweite Lösungen für weltweite ökologische Probleme. »Das erfordert Einfühlungsvermögen in die Probleme und Mentalität anderer Länder und nicht missionarischen Eifer.« Und bei den Energiedebatten in Deutschland dürfe man auch ruhig einmal daran erinnern, dass es in einem Land, welches nicht einmal drei Prozent zum weltweiten CO_2-Ausstoß beiträgt, nicht die alles entscheidende Frage ist, ob wir das letzte Kohlekraftwerk fünf Jahre früher oder später ausschalten. »100 Prozent erneuerbare Energien müssen in Deutschland kommen! Aber dieses Ziel sollte in einer konsensorientierten Weise verfolgt werden, sodass der Industriestandort Deutschland dabei nicht vor die Wand gefahren wird.«

Spätestens an dieser Stelle spürt man wieder deutlich das politische Dilemma, in dem alle Abgeordneten stecken. Unterschiedliche Interessen müssen unter einen Hut gebracht werden, Parteipolitik und regionale Interessen spielen dabei eine Rolle, aber auch globale, ethische und persönliche Sichtweisen. Konsens ist nicht gerade spannend, aber eben das Bohren dicker Bretter.

Wir wechseln das Thema und wenden uns der Frage unterschiedlicher Religionen in unserer Gesellschaft zu. Wie soll das gehen? Kann das gelingen? Ist das nicht naiv?

Nietan erinnert in diesem Zusammenhang an sein Vorbild Johannes Rau, den längjährigen Landesvorsitzenden der SPD Nordrhein-Westfalen. Der habe als Bundespräsident im Jahr 2004 anlässlich des 275. Geburtstags von Gotthold Ephraim Lessing zum Festakt eine großartige Rede gehalten. Johannes Rau sagte damals unter anderem: »Es geht um die Frage: Wie können Menschen miteinander leben, die ganz unterschiedliche Dinge für wahr und für richtig halten und auch manches tun, was die jeweils anderen unbegreiflich finden?« Und weiter: »Toleranz ist nicht Beliebigkeit. Toleranz und Respekt bedeuten ja gerade, dass man die Existenzberechtigung anderer Überzeugungen und Glaubenswahrheiten akzeptiert, die man nicht für richtig hält.«

Toleranz und Respekt sind für Nietan der entscheidende Schlüssel für ein friedliches Zusammenleben verschiedener Religionen. Dies gelte natürlich auch für das Miteinander von religiösen und nicht religiösen Menschen. Es gehe hier um das Schmieden von Bändern des Vertrauens zwischen den »vernünftigen« Kräften innerhalb und außerhalb der Religionsgemeinschaften. Aber Johannes Rau habe schon recht gehabt: »Toleranz ist gerade nicht Beliebigkeit oder gar Relativismus!«

Zusammenleben heiße schließlich nicht, die eigene religiöse Identität abzuschwächen oder im öffentlichen Raum zu verbergen, weil es anderen Glaubensgemeinschaften oder Laizisten nicht gefalle. Es könne auch nicht darum gehen, um des lieben Friedens willen beispielsweise die Augen vor Entwicklungen innerhalb bestimmter muslimischer Gemeinschaften zu verschließen, die unsere freie, plurale und offene Gesellschaft ablehnen! Allerdings müsse genauso klar jeder Verallgemeinerung oder pauschalen Diskreditierung einer Religion, wie sie z. B. von der AfD gegenüber dem Islam und den Muslimen betrieben würde, entgegengetreten werden.

Dann wird Nietan sehr direkt: »Gerade weil ich ein glaubender Mensch, ein Christ bin, gilt für mich uneingeschränkt: Der Garant einer offenen Gesellschaft kann nur ein säkularer Staat sein. Unser Staat ist kein christlicher Staat und das darf er genauso wenig werden wie ein Staat, der mit Verweis auf die Religionsfreiheit nicht entschieden gegen Kräfte vorgeht, die sich gegen unsere offene Gesellschaft stellen. Die Grundlage für das Zusammenleben in unserem demokratischen Staatswesen kann nur das Grundgesetz und nicht etwa Thora, Bibel oder Koran sein!«

Auf die Frage, welche Rolle der christliche Glaube in seinem Leben spiele, antwortet er:

»Als Christ kann ich mich jeden Tag immer wieder aufs Neue über die ausschließlich glaubbare Frohe Botschaft freuen, dass mich nichts aus der mir bedingungslos geschenkten Liebe Gottes herausreißen kann. Dies gibt mir die Kraft, jeden Tag neu damit zu beginnen, meine Angst um mich selbst zu überwinden, um das Notwendige für meine Nächsten und nicht für mich zu tun.

Sie können mir glauben, dass ich – trotz meines Glaubens an diese befreiende Botschaft – immer wieder in die Knechtschaft meiner (letztlich unbegründeten) Angst um mich selbst zurückfalle, indem ich nicht das Notwendige tue. Mein Glauben gibt mir aber jeden Tag die Kraft, es immer wieder neu zu versuchen. Diese ›Freiheit des Christenmenschen, jedermanns Knecht zu sein‹ kann ich mir zurückerobern. Nicht immer – aber vielleicht immer öfter ...«

Zum Schluss fassen wir noch ein heißes Eisen an, das Nietan besonders unter den Nägeln brennt. Sein Engagement in der Stiftung Lebenshilfe, die sich in besonderer Weise um Menschen mit Behinderungen kümmert.

Dazu muss man wissen: Moderne gentechnische Verfahren (CRISP/Cas-9) ermöglichen bereits präzise Manipulationen am Erbgut, auch beim Menschen. Gentechnik gilt als Schlüsseltechnologie nicht nur bei der Bekämpfung von Krankheiten und dem weltweiten Hunger, sondern auch beim Klimaschutz, und wird die Welt nachhaltig verändern. Der ehemalige EKD-Ratsvorsitzende Wolfgang Huber riet, aus ethischen Gründen auf Eingriffe in die menschliche Keimbahn zu verzichten.

Wir wollen wissen, wo für ihn die Grenzen der Biomedizin liegen, auch unter dem Gesichtspunkt, dass schwere Krankheiten durch Eingriffe in die menschliche Keimbahn abgewendet werden könnten. Sollen wir an menschlichen Embryonen forschen dürfen?

Zunächst einmal sieht Nietan den medizinischen Fortschritt als großen Segen für uns alle. Aber auch hier gelte, dass dieser Fortschritt die Würde jedes einzelnen Menschen als Maßstab haben müsse. Es gehe nicht darum, den »Kampf gegen den Tod« ohne Rücksicht möglichst immer zu gewinnen, sondern die Würde des Menschen zu schützen. »Es geht um Heilung, Schmerzlinderung, Lebensqualität gerade auch für Sterbende.« Und wieder schließe sich hier der Kreis: »Es geht immer auch um das Menschenbild. Natürlich spürt ein embryonaler Zellhaufen noch keine Schmerzen oder Angst.« Trotzdem lehnt Nietan es ab, medizinischen Fortschritt auf embryonalen Stammzellen zu begründen. Wer diese Büchse der Pandora öffnet, der lande – sicherlich nicht sofort, aber über Umwege und Verzögerungen – beim Klonen und Zeugen von Menschen als Ersatzteillager oder »therapeutische Vehikel«. Das wolle er auf keinen Fall.

Und er verweist zum Schluss auf eine Diskussion im Bundestag über die Forschung an embryonalen Stammzellen, bei der es aufseiten der Befürworter hieß, dass manche medizinischen Fortschritte nur mit embryonalen und nicht mit adulten Stammzellen möglich seien. Heute, also einige Jahre später, könne man bereits auf große Fortschritte bei der Erforschung adulter (nicht embryonaler) Stammzellen zurückblicken. Ein medizinischer Fortschritt sei also möglich, ohne dass man sich dafür ethisch kompromittieren müsse.

Der »Genosse« Dietmar Nietan wird sich auch weiter für seine Partei und den Wahlkreis engagieren, so viel ist deutlich geworden. Hier spricht ein Überzeugungstäter. Aber er teilt seinen Wahlkreis Düren auch mit seinem Konkurrenten Thomas Rachel von der CDU. Der führe momentan mit 3:2 im Kampf um das Direktmandat. Streit zwischen diesen beiden engagierten Protestanten sei allerdings nicht zu vermuten. Und wenn es doch mal knirscht, hat Nietan schon eine Idee. Es gibt ein Kaffeekränzchen unter Politikern: Der eine kocht Kaffee, der andere bringt Kuchen mit.

VOLKER BECK

Der grüne Abgeordnete Volker Beck, Jahrgang 1960, ist seit 1994 Mitglied des Deutschen Bundestages. Nach Positionen als innen-, rechts- und menschenrechtspolitischer Sprecher sowie Erster Parlamentarischer Geschäftsführer ist er seit 2013 religions- und migrationspolitischer Sprecher seiner Fraktion. Seit 2014 ist er Vorsitzender der deutsch-israelischen Parlamentariergruppe des Bundestages. Er lebte in einer eingetragenen Lebenspartnerschaft und ist seit 2009 verwitwet.

DAS GESPRÄCH

Wer kennt Volker Beck nicht? Sein außergewöhnliches Talent, eigene Positionen kämpferisch nach vorne zu bringen, hat ihn zu einem prominenten und bisweilen auch umstrittenen Abgeordneten seiner Partei gemacht. Er hat große Erfolge erzielt, als er z. B. in den 90er-Jahren erreichte, dass jüdische NS-Opfer aus Osteuropa eine lebenslange Rente durch die Bundesrepublik erhielten. Vor Kurzem stand er plötzlich politisch kurz vor dem Aus, als der Fund einer »betäubungsmittelverdächtigen Substanz« im Rahmen einer Polizeikontrolle bekannt wurde. Gleichzeitig finden sich Andachten auf seiner Homepage, die Tiefgang haben. Er ist Christ und bekennt sich auch öffentlich dazu. Das Volk Israel und dessen

Selbstbestimmungsrecht ist eines seiner Herzensanliegen. Wir begegnen Beck in seinem Abgeordnetenbüro. Schicker Anzug, am Revers eine kleine deutsch-israelische Flagge, coole Turnschuhe. Wir sind gespannt und vertiefen uns bei einer Tasse Cappuccino ausführlich in ein Gespräch, das auch unbekannte Seiten an ihm offenlegt.

M it dem Thema Menschenrechte steigen wir ins Gespräch ein.

Es ist sein Thema. Wichtig ist ihm, dass die allgemeine Erklärung zu den Menschenrechten betont, dass alle Menschen gleich seien an Würde und Rechten, und zwar von Geburt an. Deshalb verdienten alle Minderheiten Respekt, egal welche Religion, politischen Anschauungen, geschlechtliche Identität oder sexuelle Orientierung sie hätten. Das Grundrecht der Freiheit und der Gleichheit der Verschiedenen müsse immer verteidigt werden. Hier darf es keine kulturelle oder religiöse Relativierung der Menschenrechte geben.

Da gebe es auch Schnittmengen, z. B. mit der CDU. Die Verteidigung der Religionsfreiheit sei so ein Thema. Hier muss es einen Dialog mit den Verfolger- und Diskriminiererstaaten geben. Manche Religionen seien in Teilen der Welt in der Mehrheitssituation. Aber alle Religionen seien irgendwo auf der Welt in der Minderheit und darauf angewiesen, dass die Mehrheit die Rechte ihrer Anhänger respektiert. Das Thema Christenverfolgung sei wichtig, weil die zahlenmäßig größte Weltreligion auch die höchste absolute Zahl an Verfolgten hat. Aber das dürfe nicht zur Vernachlässigung anderer führen. Die Bahà'i als kleine Weltreligion dagegen werde gerade in der islamischen Welt, insbesondere im Iran, heftig verfolgt, im Verhältnis sicher stärker als Christen, aber in den absoluten Zahlen weniger. Er warnt vor einer Opferkonkurrenz, es müsse um die Religionsfreiheit aller gehen und nicht nur um Solidarität mit den verfolgten Brüdern und Schwestern im Glauben.

Für ihn gehört bei der Menschenrechtspolitik grundlegend dazu, allen Menschen Zugang zu den gleichen Rechten zu geben. »Menschenrechte sind universell und unteilbar, oder sie sind keine MENSCHENrechte.« Und das gehe über die Religionszugehörigkeit hinaus. Deshalb müsse derjenige, der zu Recht über Christenverfolgung rede, auch andere religiöse, ethnische, sexuelle wie soziale Minderheiten im Blick behalten.

Den Verweis darauf, dass die Menschenrechte durch Geflüchtete aus dem muslimischen und orientalischen Kulturraum gefährdet sein könnten, greift er auf.

Es sei zu bedenken, wie wir über solche Themen reden, ohne zu pauschalisieren und gleich ganze Gruppen auszugrenzen. Die Religionsfreiheit der Muslime dürfe nicht infrage gestellt werden, nur weil einige eine »strange« (engl. seltsame) Position und Praxis des Islam hätten. Bei den Progressiven gebe es allerdings manchmal so etwas wie eine Sprachhemmung, darüber überhaupt zu reden, weil Muslime oft Zielscheibe für rechte Populisten seien. Rechtspopulisten und Islamisten hätten nämlich das gleiche Islamverständnis. Mit seiner Haltung, die Religionsfreiheit zu verteidigen und gleichzeitig die fundamentalistischen Bestrebungen in muslimischen Verbänden und deren politische Identitäten zu kritisieren, mache er sich persönlich nirgendwo Freunde und ecke überall an. Für die Rechten sei er ein naiver Islamversteher und den Lobbyisten der muslimischen Verbände sei er suspekt, weil er auf Probleme in ihren Reihen hinweise. Die Verbände seien eben sprachlich und politisch und nicht rein nach religiösem Bekenntnis sortiert. Die Zugehörigkeit zu einer Moschee und der Moscheen zu einem Verband hänge in Deutschland ja oft an der jeweiligen politischen Einstellung. Das dürften wir nicht zulassen. Islamische Religionsgemeinschaften müssen die gleichen Rechte und Pflichten wie die Kirchen haben. Doch das setzt voraus, dass die islamischen Gemeinschaften ihre politische Prägung der Herkunftsländer aus der Migrationsgeschichte ablegen. Dann wäre der Islam auch tatsächlich in Deutschland angekommen. Durch eine bekenntnisförmige Neuaufstellung werde aber die Macht von Funktionären infrage gestellt und deshalb sei ein Vorankommen in dieser Frage schwierig. Zumal die Politik sich in der Vergangenheit vor klaren Ansagen gescheut hat.

Wir bemerken, dass jeder Politiker ja auch ein Interessensvertreter seiner Partei sei, und fragen ihn, wie er den Spagat hinbekommt, sich mitunter gegen Positionen der eigenen Klientel zu stellen.

Beck wendet ein, dass er in die Politik gekommen sei, um das zu vertreten, was er für richtig halte, und nicht um sich anzupassen und sich dafür anzupassen. Deshalb müsse man Dinge durchargumentieren und nicht Stimmungen hinterherlaufen. Politik machen hieße, konsistent zu sein und für Überzeugungen einzustehen. Sein Kompass seien die Werte des Grundgesetzes und die der Menschenrechte.

Mein Verweis auf die Präambel des Grundgesetzes – die Verantwortung vor den Menschen und vor Gott – wird von ihm mit einem Lächeln korrigiert. Es sei umgekehrt: vor Gott und den Menschen! Er könne das auch so sehen, diesem Gedanken etwas abgewinnen, stelle aber fest, dass die »nominatio dei« in der Präambel heute nicht mehr verstanden werde. Dies gelte gleichermaßen für Konservative, die dies als eine christliche »invocatio dei« verstünden, als auch für deren Gegner, die diese Formel lieber streichen würden. Historisch wurde die Formel aus seiner Sicht eher als eine Art »Demutsgeste« verstanden, nämlich als Betonung der Relativität staatlicher Macht und eine Absage an totalitäre Politik. Man wollte nach dem Nationalsozialismus ausdrücken, dass es etwas Höheres gibt als das, was man politisch für richtig erachtet. Deshalb habe man sich auf eine transzendente Ebene bezogen, obwohl die Mütter und Väter des Grundgesetzes nicht etwa alle religiös waren.

»In meinen früheren, eher agnostischen Zeiten habe ich immer gesagt, es müsse wohl umstritten bleiben, ob es einen Schöpfer gibt. Aber dass der Mensch nicht Schöpfer ist, ist gewiss. Der Mensch darf sich nicht zum Herr über Leben und Tod aufschwingen. Respekt vor dem Leben des Anderen jenseits jeder Nützlichkeitserwägung ist daraus die Konsequenz. Den Gedanken, dass man an einen konkreten Gott, gar den dreieinigen der Christen, oder Elohim oder Allah glaubt, setzt der Satz nicht voraus. Alle religiöse Sprache stößt heute schnell auf Unverständnis und auf Ablehnung. Antireligiöse Impulse hatten ihre Berechtigung in einer Zeit, als die Kirchen ihre politische Macht und gesellschaftliche Stellung missbraucht haben. Aber das ist aus meiner Sicht heute eigentlich überwunden. Heute hat die Kirche keine Macht mehr, sie ist eine gesellschaftliche Stimme von vielen, spielt aber weiterhin eine wichtige Rolle, man denke dabei nur an die Flüchtlingsaufnahme.«

Agnostische Zeit? Gab es denn ein Erlebnis, das diese Einstellung verändert hat, fragen wir ihn.

Nein, das sei eher ein langer Prozess in ihm selbst gewesen. Die alten Texte der Bibel und die alten Lieder klangen immer wieder bei ihm nach, und dann sei er wieder zurückgegangen und hätte seinen Weg in die Kirche gefunden, auch wenn er kein eingeschriebenes Mitglied sei.

Themenwechsel. In der Woche des Interviews ist Shimon Peres, der ehemalige Staatspräsident Israels, gestorben. Beck hat ein enges Verhältnis zu Israel. Wir wollen von ihm wissen, wie er heute das Leben von Shimon Peres würdigen würde.

Shimon Peres sei einer der klugen und weisen jüdischen Köpfe gewesen, der den jüdischen Staat immer verteidigt habe. Einerseits gehörte er zur Gründergeneration, andererseits übernahm er Verantwortung für die Sicherheit seines Volkes und hatte die Klarheit und die Vision, dass Israels Sicherheit dauerhaft nur zu haben sei, wenn es einen selbständigen palästinensischen Staat gäbe, der das Lebensrecht Israels auch anerkennt.

Er habe seinen Friedensnobelpreis zu Recht bekommen, auch wenn das Projekt, für das er stand, heute als gescheitert gelte. Vor einem Jahr habe Beck ihn in Tel Aviv getroffen. Bis zum Ende sei er politisch sehr aktiv und beseelt davon gewesen, dass man von dem Pfad der Verständigung nicht abkommen dürfe. Die jetzige Regierung verwende leider keine große Energie auf die Friedensbemühungen, wobei die aktuelle politische Situation es auch wirklich sehr schwer mache, an eine gute Lösung zu glauben. Und die aktuelle palästinensische Führung drücke beim Terror ein Auge zu, wenn sie ihn nicht gar aktiv fördert.

Beck holt aus. Er sei als Politiker nach seiner Zeit in der Friedensbewegung in den 80er-Jahren aktiv geworden, um die Rechte der Homosexuellen durchzukämpfen gegen Angriffe auf ihre Freiheiten in der Aids-Krise. Dazu gehörte es auch, dass homosexuelle Verfolgte im Dritten Reich auch offiziell als Opfer des National-sozialismus anerkannt wurden. »Wir haben damals eine große Solidarität der Zentralräte der Juden wie der Sinti und Roma erhalten.« Er habe sich dann mehr mit der Frage nach der Entschädigung der NS-Opfer befasst. Auch bei den nur scheinbar »etablierten Opfergruppen« wie Juden oder Widerstandskämpfern seien die Regelungen ein Gestrüpp von Ausschlüssen, Hürden und Fristen gewesen. Seinen ersten parlamentarischen Erfolg habe er erzielt, als er aus der Opposition heraus Entschädigungszahlungen an osteuropäische Juden – Ansprüche, die es im Rest der Welt gab – habe erwirken können. Und zwar nicht als Einmalzahlung, sondern als Rente.

»Das war ein großer Kampf. Als ich damals als einer der unbekanntesten Abgeordneten bei einer Pressekonferenz in den USA auf dem Kapitol erlebte, dass die Deutsche Botschaft in Washington eine Presseerklärung des damaligen Kanzleramtschefs gegen mein Ansinnen verteilte, wusste ich: Ich habe gewonnen. Immerhin ging es um ungefähr 200 bis 300 Millionen Mark.

Wenn man dann viel mit dem Thema zu tun hat, bekommt man auch den ganzen antisemitischen Müll ab, und das sensibilisiert. Das hat dazu geführt, dass ich mich mit anderen jüdischen Anliegen beschäftigt habe. Heute setze ich mich für eine faire Betrachtung Israels ein. Die Debatte über Israels Politik ist ja voller doppelter Standards. Laut EU-Recht ist es heute möglich, Waren, die aus den von Israel besetzten Gebieten kommen, zu kennzeichnen. Das ist an sich richtig, da besetzte Gebiete eben nicht Staatsgebiet der Besatzungsmacht sind. Komisch ist aber, dass man diesen Standard nicht auch auf andere Länder anwendet, etwa in Marokko, wo Waren aus der besetzten Westsahara bezogen werden. Sie gelten bei uns als marokkanische Waren. Das ist völlig gegen das Völkerrecht. Aber das interessiert in Brüssel und bei der Bundesregierung niemanden, es sind ja keine Juden daran beteiligt. Diese Art von unfairem Umgang kritisiere ich. Das hat nichts damit zu tun, dass man nicht auch Aspekte der aktuellen Politik Israels kritisieren kann. Das mache ich auch ständig und das geschieht ja auch in Israel selbst. Aber wir dürfen nicht an Israel andere Standards anlegen als an andere Länder.«

Zudem, so Beck weiter, müsse man sehen, dass Israel als Nachbarn nicht Luxemburg, die Schweiz, Österreich und die Niederlande habe, sondern den Libanon, Syrien, Jordanien und Ägypten. Es sei mehrfach überfallen und angegriffen worden und habe die Gebiete nicht aus Jux und Tollerei übernommen, sondern Israel habe die damaligen Verteidigungskriege – Gott sei Dank – gewonnen. Natürlich sei da die Haltung: Zurück auf Los gehen wir nur, wenn wir sicher sind, dass sich das Gleiche nicht wiederholt. »Und auch da erwarte ich, dass man diese Sicherheitsbedürfnisse sieht. Israel hat einfach schlechte Erfahrungen gemacht. Sie haben sich aus Gaza unilateral zurückgezogen, der Dank dafür waren Tausende Raketen, die zuletzt bis nach Tel Aviv flogen.«

Das sitzt! Wir verstehen, dass man sich mit dieser Einstellung nicht nur Freunde macht. Ob das seine grünen Parteifreunde auch so sähen, wollen wir wissen.

Beck lacht. Es gebe besonders bei vielen jungen Grünen zunehmend die Einsicht, dass der Antizionismus im Grunde nur eine besondere Form des Antisemitismus sei. Weil Israel ein Land sei, in dem es vorrangig um militärische Fragen gehe, werfe ihm aber schon einmal eine Kollegin vor, er agiere wie der Pressesprecher des Likud, nur weil er behaupte, dass nicht alles falsch ist, bloß weil es Netanjahu sagt, auch wenn er vieles ablehne und ihn kritisiere.

Wir wechseln das Thema und fragen nach, wie es ihm damit ergangen sei, dass man ihn persönlich diskriminiert habe, weil er sich ja schon immer zu seiner Homosexualität bekannt habe.

Sein Anliegen war, so Beck, dass Schwule gleiche Rechte in der Gesellschaft bekommen. Das habe ihn in die Bundespolitik gebracht, ansonsten hätte er weiter Kunstgeschichte studiert und würde heute vermutlich Marienstatuen datieren. Daran hätte er vermutlich auch Freude gehabt. Insgesamt seien die Auseinandersetzungen damals aber inmitten der Aidskrise nicht leicht gewesen. Da seien immerhin Stichworte wie »Internierungslager« und »Tätowierung von Aidskranken« gefallen.

»Dafür sind wir sehr sensibel. Vergessen Sie nicht, dass Minderheiten immer ein Elefantengedächtnis haben. Uns war bewusst, dass unter dem Firnis heutiger Zivilisation auch ganz die Dämonen der tausend Jahre lauern. Für mich war das Thema eine Art Überlebensfrage und Die Grünen waren für unseren Kampf offen. Bis heute ist es so, dass ich massenhaft Mails und Messages bekomme mit Beschimpfungen und Verunglimpfungen übelster Art bis hin zu Morddrohungen. Manchmal möchte ich mir eine Decke über den Kopf ziehen und es einfach ignorieren. Geht aber nicht.

Ich helfe mir dann damit, dass ich mir sage: Es geht eigentlich nicht um mich als Person. Sie meinen meine Anliegen, meinen Kampf für die Rechte von Juden, Roma, LGBT und Flüchtlingen. Aber das muss man schon auch wegstecken können und das geht leider einfach nicht immer perfekt. Darüber hinaus ist für mich wichtig – und das hängt mit meiner religiösen Erziehung und meinem Glauben zusammen –, dass ich mich auf den Sinn meiner Arbeit konzentriere.« Damit könne er sich immer wieder aus der Schusslinie der Angriffe nehmen, oder mit dem, was er in seiner

Sonntagsschule gelernt habe: »Bist Du mit dem Panzer der Liebe angetan, kann menschlicher Hass Dich nicht erreichen.«

Wir bewegen uns mit unseren Fragen zunehmend auf dünnem Eis; Beck jedoch strahlt aus: Zurückweichen ist keine Option. Wie er über das Verhältnis zu katholischen und zu evangelikalen Christen denke, das sich früher ja eher über harte Auseinandersetzungen und manchen Schlagabtausch definiert habe.

»Ich habe ja immer bewusst das Gespräch gesucht. Und ich habe mich auch immer mit dem auseinandergesetzt, was meinem Gegenüber, meinem Gegner wichtig war. Das hat nicht jedem gefallen.

Eine christliche Zeitschrift führte mit mir und Ulrich Parzany ein Interview. Er kam mit den paulinischen Lasterkatalogen, um seine Verurteilung der Homosexualität zu begründen. Ich holte meine kleine Elberfelder Bibel aus der Tasche und wollte mit ihm im Kontext den Sinn der Schrift erörtern. Doch das wollte die Redaktion damals nicht hören. Beim Pfarrer sollten die Bibelstellen stehen, bei mir wollte man jeden exegetischen Hinweis herausschmeißen. Dadurch sollte das Feindbild Volker Beck zementiert werden: mein Gegenüber bibelfest, ich ignoranter Christenfresser. Letztlich erschien das Gespräch dann doch.

Auch heute noch finde ich es wichtig, den Dialog zu suchen. Ich war zu Beginn der Kampagne für die gleichgeschlechtliche Ehe viel in Kirchengemeinden unterwegs gewesen. Ich wollte Vorbehalte abbauen. Mir ging es nie darum, bei anderen etwa ihr Eheverständnis zu kritisieren oder ihnen etwas wegzunehmen, sondern ich wollte, dass wir die gleichen Rechte erhalten. Das alles kann man nur im Gespräch und Dialog klären.

Heute würde ich sofort auf neue Gesprächsangebote eingehen,

auch aus konservativen und aus frommen Kreisen. Ich war ja bereits in evangelikalen Kreisen unterwegs und finde das wichtig, im Gespräch zu bleiben. Manche Gespräche sind schon sehr besonders und schwer zu verstehen, aber ich glaube einfach an den Dialog. Als Demokrat ist man auf Argumente angewiesen. Sonst sind wir alle zum Scheitern verurteilt.

Bei manchen Grundwerten gibt es genügend Schnittstellen zu den Evangelikalen. Wenn jemand wegen seiner Missionsanstrengungen verfolgt wird, hat er immer meine Solidarität. Ich habe mich auch schon für die Freilassung inhaftierter Baptistenprediger im Iran eingesetzt. Das ist selbstverständlich.«

Zum Schluss wollen wir von Beck noch wissen, wie es angesichts zurückgehender Mitgliederzahlen um den missionarischen Auftrag der Kirchen stehe.

»Was ich dazu zu sagen habe, ist nicht neu, vielmehr hat das Jesus schon gesagt. Man muss den Kern der christlichen Botschaft in den Mittelpunkt stellen: Das dreifache Liebesgebot, also Gott, den Nächsten und mich selbst zu lieben. Der Kern des Glaubens ist für mich keine spezielle Form einer Theologie. Den Zugang zum Heil gibt es nicht über einen speziellen, eigenen Weg einer bestimmten christlichen Prägung oder Konfession. Jesus hat über das Liebesgebot gesagt: Das ist das Gesetz und die Propheten. Alles andere ist also zweitrangig.

Im Johannesbrief ist zu lesen, dass Gott Liebe ist. Alles darüber hinaus ist nicht heilsentscheidend. Ich bin zwar kein Theologe, aber diese Überzeugung macht mich auch angesichts von Zweifeln zuversichtlicher. Ich hadere selbst auch immer wieder; aber dann denke ich: Wenn das der Kern ist, dann ist das eine ständige Aufgabe von uns Christen, an der man immer wieder auch scheitert und die man immer wieder neu anpacken muss. Aber: Diese Botschaft muss man herausstellen. Das darf aber nicht nach Sozialklimbim klingen. Es geht um die Tiefe: Gott lieben und den Nächsten lieben wie sich selbst. Diese beiden jüdischen Gebote (5. Mose 6,5; 3. Mose 19,18) sind der Kern des Christentums, sie sollen unser Handeln, Trachten, Denken und Fühlen bestimmen.

Als ich neulich bei Kirchenvertretern zum Thema Zukunftsprofil der Kirche war, wurden dort Caritas und Diakonie besonders herausgestellt. Meine Meinung dazu: ›Leute, es ist zwar wichtig, dass ihr das macht. Machen das AWO und Parität nicht auch? Aber wenn das allein die Existenzberechtigung der Kirche ist, ist das zu wenig. Der eigentliche Auftrag, das Proprium, ist und bleibt das dreifache Liebesgebot und unsere Gewissheit der Hoffnung.‹«

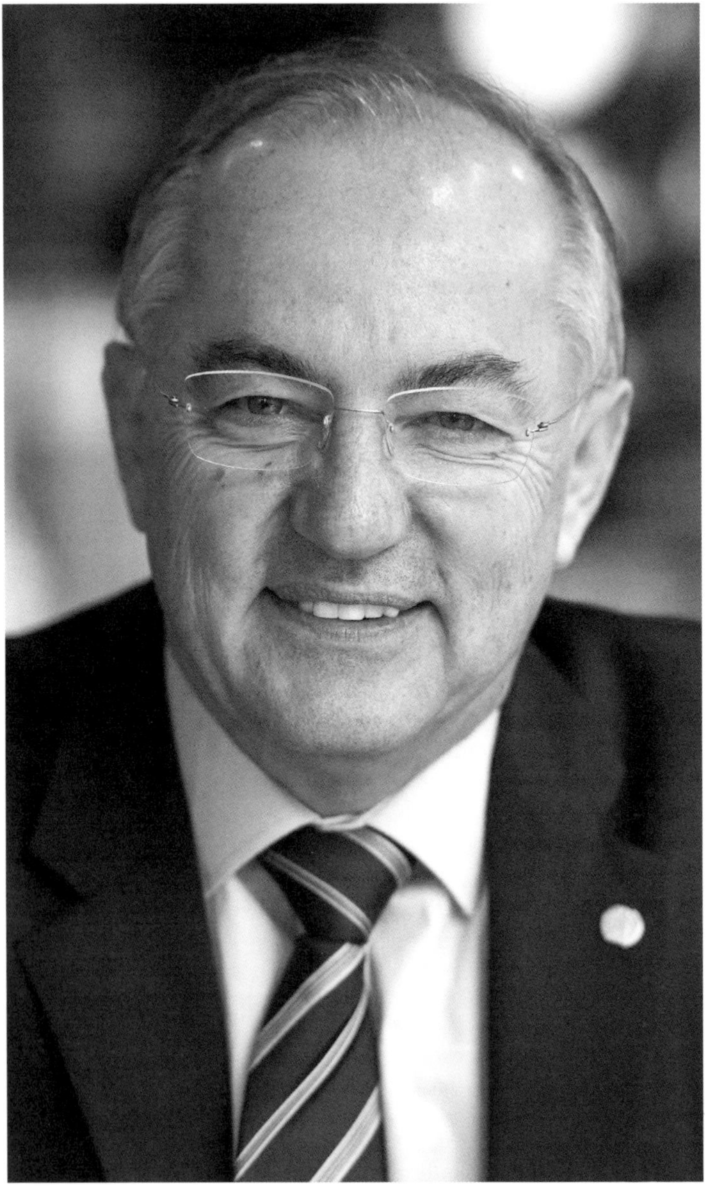

JOSIP JURATOVIC

Josip Juratovic, Jahrgang 1959, ist seit 2005 Bundestagsabgeord-neter der SPD. Er ist Mitglied im Auswärtigen Ausschuss und setz-te sich in seinen ersten Jahren besonders für berufspolitische und soziale Belange der Menschen in seinem Wahlkreis Heilbronn ein. Heute ist er im Auswärtigen Ausschuss in erster Linie mit Friedens-politik beschäftigt.

Sein Mandat musste er zunächst gegen seine eigene Partei durchsetzen, indem er sich verschiedenen Kampfabstimmungen erfolgreich stellte. Als einziger ehemaliger Fließbandarbeiter und erster Abgeordneter mit kroatischem Hintergrund ist er im Bun-destag bis heute ein Exot. Damit schrieb er ein Stück Bundestags-geschichte.

DAS GESPRÄCH

Josip Juratovic zu begegnen ist jedes Mal ein Erlebnis. Bei der An-kunft auf dem Tegeler Flughafen kommt er mir an einem Mon-tagmorgen entgegen, lächelt und meint in einer Mischung aus Schwäbisch mit kroatischem Akzent: »Es geht wieder los … aber die letzte Woche und das Wochenende in Heilbronn waren auch wieder gepackt voll.« Und weg ist er in Richtung Bundestag.

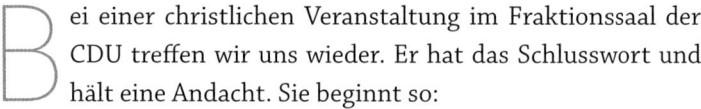

ei einer christlichen Veranstaltung im Fraktionssaal der CDU treffen wir uns wieder. Er hat das Schlusswort und hält eine Andacht. Sie beginnt so:

»Schon bei meiner Nominierung im Wahlkreis habe ich, gegen die Empfehlung meiner Parteispitze vor Ort, kandidiert und gewonnen. Auch um den sicheren Listenplatz habe ich, ebenfalls gegen die Empfehlung der Parteispitze, kandidiert und gewonnen. Alles wie in Trance und doch habe ich immer vor jeder Entscheidung auf Gott vertraut und mir vorgesagt: ›Herr dein Wille soll geschehen!‹«

Er fährt fort: »Gott gibt mir die Chance, ihm zu zeigen, wie real ich meinen Glauben lebe. Denn Gott hat uns nicht einen Geist der Verzagtheit gegeben, sondern den Geist der Kraft, der Liebe und der Besonnenheit. Dieser Vers aus dem 2. Brief von Paulus an Timotheus ist ein Bibelwort, das mir sehr wichtig ist und das sich wie ein roter Faden durch mein Leben zieht. Genau diesen Geist brauchen wir, um zu Gott Vertrauen zu haben und Nächstenliebe zu leben. Dieser Geist wird in schweren Zeiten zur Quelle der Hoffnung.«

Ich reibe mir die Augen und sehe, dass das Publikum ergriffen ist. Immerhin sitzen wir im Bundestag, gemeinsam mit Ministern und einem Staatspräsidenten. Oder ist das hier doch eine Gemeinschaftsstunde? Diesen Mann möchte ich kennenlernen. Wir treffen uns in seinem Fraktionsbüro im Paul-Löbe-Haus. Die Mitarbeiter sind längst zu Hause, es ist inzwischen Abend.

»Vom Fließband in den Bundestag« – so steht es auf seiner Homepage. Ich stelle ihm die Frage, wie es dazu kam, dass ihm die politische Verantwortung eines Abgeordneten des Deutschen Bundestages übertragen wurde.

»Ich war 1982 noch recht jung, als ich politisch aktiv wurde. Zu dieser Zeit war es überhaupt nicht selbstverständlich, dass Gastarbeiter sich politisch engagierten. Das war insgesamt eine lustige Geschichte. Ich fragte damals bei der SPD, ob sie auch Ausländer aufnehmen würden. Da die Frau am Wahlstand das nicht beantworten konnte, musste sie den Vorsitzenden der SPD im Wahlkreis fragen, und der wusste auch nicht so recht, was zu tun sei. Schließlich wurde dann entschieden, mich aufzunehmen, so nach dem Motto: Ist schon okay, nimm ihn halt auf. Wahrscheinlich haben die bei sich gedacht: Der soll seinen Beitrag zahlen und dann ist gut. Das war der Anfang meiner politischen Karriere.«

Auf seiner Homepage findet sich folgende Geschichte, die vielleicht bezeichnend für Juratovics Erfolg ist:

Lange politische Diskussionen waren nicht unser Ding, spätestens nach einer halben Stunde hatten meine Jungs genug davon. Stattdessen bereicherten wir Gundelsheimer Jusos das Leben unserer Stadt durch konkrete soziale und umweltpolitische Aktivitäten, aber auch kulturell, indem wir etwa die angesagten Musikgruppen *Nazareth* und *The Dubliners* im Rahmen ihrer Deutschlandtourneen in die Provinz holten. Mit dem reaktivierten SPD-Ortsverein gelang es uns, die Zahl der Stadträte von damals zwei bis auf zwischenzeitlich sieben kontinuierlich zu erhöhen.

»Ich war schon als junger Mensch davon überzeugt dass es nicht reicht, arbeiten zu gehen und sich dann ins Privatleben zurückzuziehen. Ich fand, dass man sich in die Gesellschaft einbringen, sich beteiligen müsse. Als ein Mensch aus dem ehemaligen Jugoslawien war ich natürlich beeindruckt von den vielen Möglichkeiten, die man in Deutschland hatte. Ich wurde Juso-Vorsitzender, stellvertretender Bezirksvorsitzender und dann im Betrieb auch IG Metall-Betriebsrat. 2005 stand die Frage nach der Vertretung in Berlin auf der Tagesordnung der Partei. Ich war zwar nicht vorgesehen, bin aber dennoch zu einer Kampfabstimmung angetreten und habe mit 86 zu 42 Stimmen gewonnen. Ich habe mich immer wieder nach vorne gekämpft, und zwar mit Unterstützung der Jugend. Mein erstes Wahlkampfteam bestand aus zehn Jugendlichen, der älteste davon war gerade mal 26 Jahre alt. Heute ist die Partei glücklich, dass ich dabei bin und ich bin mit dieser Geschichte versöhnt. Entscheidend ist ja, was man aus seiner Aufgabe macht.«

Auf die Frage, wofür heute sein Herz schlägt, holt er aus.

Für ihn seien zwei Themen sehr grundlegend: soziale Gerechtigkeit und Frieden. Diese beiden seien natürlich miteinander verbunden.

Als Kroate habe er hautnah erlebt, was es für eine Gesellschaft bedeutet, wenn der gesellschaftliche Friede nicht mehr gewährleistet ist. Deshalb warne er auch heute mit Blick auf Europa eindringlich vor einer Balkanisierung der EU. Eine Gesellschaft könne sehr schnell kippen. Wenn der Bogen einmal überspannt sei, könne man die Dinge nicht mehr so einfach zurückdrehen. Heute versuche er, friedensstiftende Maßnahmen wie Jugendnetzwerke in Südosteuropa voranzutreiben, Veteranentreffen von ehemaligen Kriegsteilnehmern anzustoßen und kirchliche Begegnungen etc. zu organisieren. Der Friede sei nicht alles, aber ohne Frieden sei alles nichts, das habe er erfahren.

Als ich kritisch anmerke, dass soziale Gerechtigkeit in seinem reichen Bundesland sicher nicht das wichtigste Thema sei, nickt er.

Den Menschen in Süddeutschland ginge es schon gut, auch wenn die Schere zwischen Arm und Reich dort aufginge. Gleichwohl stelle sich bei dem neuen Thema »Industrie 4.0« für viele die Frage, wo sie denn dabei als Menschen blieben, wenn alles automatisiert würde.

In der Tat hinterließen die globalen Prozesse und die aufkeimenden Kriege um uns herum bei vielen Menschen ein Unbehagen. Egal wohin man schaue, Krieg und Weltbrand. Alte Gesellschaftsformen brächen zusammen, aber es entstünde nicht mehr Demokratie, sondern mehr Anarchie. Früher dachte er immer, es gäbe nichts Schlimmeres als Diktatur. Heute wisse er, Anarchie sei viel schlimmer. Leider entwickele sich daneben in vielen Staaten eine Autokratie mit starken Führungspersönlichkeiten, die autoritäre Züge tragen. Unsere westlichen demokratischen Werte gerieten deshalb immer mehr unter Druck. Deshalb bräuchten wir in erster Linie ein demokratisches und stabiles Europa als Gegengewicht.

Die neuen Rechten wollten aber im Grunde auch nur eine eiserne Hand, die von oben herab entscheide. Demokratische Prozesse seien aber mühsam. Man müsse eben Kompromisse finden, die die Mehrheit mittragen und mit denen sie leben könne. Damit schließe man aber wenigstens niemanden aus. Demokratisch gesinnte Menschen müssten erkennen, dass die parlamentarische Demokratie zwar langsam und mitunter etwas lahmer sei, dafür aber stabil und tragfähig. Und sie binde viele Menschen ein. Juratovic fügt ein Zitat des bosnischen Nobelpreisträgers Ivo Andrić hinzu: »Die Gesellschaft bricht dann zusammen, wenn der Dumme spricht, der Kluge schweigt und der Armselige Politik macht.« Darum gelte es, sich einzumischen und im politischen Geschäft mitzumachen.

Wir wenden uns dem Thema »Werteorientierung« zu. Juratovic ist dafür bekannt, dass er sich auch öffentlich zu seinen christlichen Werten stellt. Ich frage ihn, was das im politischen Alltag bedeute: Kampf mit Florett oder Säbel?

Er lacht und meint, als Verfechter sozialer Gerechtigkeit komme er gar nicht um die christliche Lehre herum. Der Glaube fuße ja auf dem Fundament der Nächstenliebe, deshalb basiere die Friedenspolitik für ihn immer auf dem, was Jesus Christus gelehrt habe. Sicher, auf dem Podium erlebe man sich als politische Konkurrenz, aber letztlich komme man doch menschlich miteinander klar.

Juratovic illustriert dies anhand einer Begegnung mit seinem politischen Kontrahenten von der CDU, Thomas Strobl. Auf einem Volksfest in seinem Wahlkreis hätte er sich ihm als sein politischer Gegenkandidat vorgestellt und Strobl mitgeteilt, dass er Politik nicht als Kampf, sondern als Sport betrachte. Es handle sich um einen Wettbewerb und es ginge darum, wer die besseren Ideen habe. Seine Vorstellung vom politischen Sport sei aber nicht der Boxkampf, sondern das Schachspiel. Es ginge immer um die besseren Ideen. Am Ende müssten die besseren Argumente gewinnen. Zu diesem Sport gehörten Siege und Niederlagen. Strobl hätte das so hingenommen.

Ich frage ihn, wie man aus seiner Sicht als Christ und Politiker mit Niederlagen umgeht. Die Medien seien ja allgegenwärtig und würden beinahe jede Äußerung sezieren und kommentieren und alle Fehler offenlegen.

Ja, das öffentliche Niedermetzeln und Aufzeigen von Schwächen sei schon schwer zu ertragen und es komme weniger vom politischen Gegner als von den Medien. Ihn treffe das und mache ihm auch zu schaffen. Aber sein Glaube an Jesus gebe ihm Trost und Halt. Wenn es ihm einmal dreckig geht, dann frage er sich immer: »Was ist das im Vergleich zu meinem Vorbild Jesus? Was hätte er alles hingenommen und ertragen!« Daraus schöpfe er große Hoffnung, weil Jesus ihn nicht fallen ließe. »Lieber Gott, dein Wille soll geschehen.« Letztlich stehe diese Bitte bei allem Ringen um einen guten Weg über seinem Leben und damit auch über seiner politischen Arbeit.

Eine besondere Bedeutung habe deshalb für ihn das parlamentarische Gebetsfrühstück. Eine Stunde am Ende der Woche gehöre dieser Zusammenkunft. Die Woche über gehe es heftig zu, es sei eben doch ein Wettbewerb, bei dem man sich nicht schone. Doch da gebe es diesen geschützten Raum, wo man als Mensch mit Abgeordneten aus allen Parteien zusammenkomme. Dort könne man miteinander diskutieren und beten. Es seien hochrangige und studierte Abgeordnete dabei und er als ehemaliger Fließbandarbeiter. Manche könnten viel eloquenter auftreten als er. Da sei er auch schon mal verunsichert und es kämen mitunter Selbstzweifel auf. An diesem Ort habe er aber gespürt, dass auch alle anderen mit Zweifeln und Verunsicherungen zu kämpfen hätten, dass dort die Masken fallen könnten und eine große Offenheit und Ehrlichkeit herrsche. Da habe er immer wieder gemerkt, dass er hier am richtigen Platz sei. »Beim Gebetsfrühstück kann ich meine Bedenken hinter mir lassen, weil ich mich von Herzen den Menschen zuwende und sehr direkt auf sie zugehe. Das zählt eben doch!«

Laut lachend fügt er hinzu: »Klar ist das komisch, wenn meine Parteikollegen im Parlament auf einen Kollegen aus dem Gebetsfrühstück eindreschen und ich stillhalten muss, weil man ja für die andere Partei nicht klatschen darf.« Das seien eben die Rituale, die dazugehörten und um die ja jeder weiß. Man nicke sich dann zu und spreche nach der Plenarsitzung in Ruhe darüber. Im Parlament »menschle« es eben genauso wie in allen anderen Bereichen. Aber diese Dinge könne man in der Regel klären und dafür setze er sich auch ein. »Früher bin ich halt Betriebsrat in der Audi-Lackiererei gewesen, heute bin ich so etwas wie Betriebsrat im politischen Betrieb.«

Auf meinem Rückweg denke ich noch länger über den oft geäußerten Vorwurf nach, Politiker seien abgehoben und lebten unter einer künstlichen Glocke. Das mag es geben. Aber ich kenne nun einen ehemaligen Kfz-Mechaniker aus Gundelsheim, der ganz sicher nicht abgehoben ist.

GREGOR GYSI

Dr. Gregor Gysi, Jahrgang 1948, ist deutscher Politiker und Jurist mit einer Kanzlei in Partnerschaft. Nachdem er 1990 zum ersten Mal in den Bundestag einzog, war er lange Jahre Fraktionsvorsitzender seiner Partei und einige Jahre Oppositionsführer im Bundestag. Seine politische Karriere begann in der damaligen PDS, zwischenzeitlich war er Senator des Landes Berlin. Zu seinen Erfolgen zählt bis heute, dass er aus der ehemaligen kommunistischen SED eine bundesweite linke Partei formte.

DAS GESPRÄCH

Wer kennt Gregor Gysi eigentlich nicht? Kaum ein Abgeordneter ist präsenter in den Medien, in Talkshows und in der Öffentlichkeit als er. Kaum einer versteht es besser, sein Anliegen sprachgewaltig und mit geschliffener Rhetorik unter das Volk zu bringen. Lange Zeit war er deshalb »das« Bild der LINKEN in der Öffentlichkeit. Schlagfertig, bisweilen brillant tritt er im Bundestag auf und steht für die Themen »Soziale Gerechtigkeit« und »Friedenspolitik«. Umstritten ist er bis heute, aber jede Anstrengung seitens seiner politischen Gegner, ihm wegen seines SED-Hintergrundes etwas anzuheften, verpufften regelmäßig. Gerade weil seine Partei traditionell eher atheistisch geprägt ist, interessierten wir uns für sein Verhältnis zu Glaube, Werten und Verantwortung.

Wir fragen ihn, wie er es mit der Präambel des Grundgesetzes hält, in der ja die »Verantwortung vor Gott und den Menschen« besonders hervorgehoben ist.

Der Passus, so Gysi, wurde zu einem Zeitpunkt in die Präambel des Grundgesetzes aufgenommen, als der Bezug auf die christlich-abendländische Kultur noch mehr Gewicht und eine größere Bedeutung im Vergleich zur heutigen Zeit hatte. Heute hat er vor allem für die gläubigen Menschen Bedeutung, die nicht oder andersgläubigen Menschen sollten ihn respektieren, wenngleich es auch Gläubige gibt, die den Bezug auf Gott als einen Missbrauch empfinden.

Gysi trat immer wieder auf Kirchentagen auf. Manchmal hatte man den Eindruck, dass er mit seiner kapitalismuskritischen Haltung der geheime Star war. Dennoch verblüffte er dort mit seiner Aussage, dass »in einer gottlosen Gesellschaft alle Wertmaßstäbe verloren gingen«. Wie er zu dieser Aussage komme, wollen wir von ihm wissen. Schließlich oute er sich ja nicht gerade als gläubiger Mensch.

Wenn er vor einer gottlosen Gesellschaft gewarnt habe, so habe er das auch und gerade als nicht gläubiger Mensch getan. Das sei für ihn kein Widerspruch. Die christlichen Werte des menschlichen Zusammenlebens hätten sich schließlich tief in die Gesellschaft eingeprägt, man denke nur an die berühmte Bergpredigt. Diese

Werte setzen auch Maßstäbe für Nichtchristinnen und -christen und für eine allgemein verbindliche Moral. Es seien deshalb in erster Linie die sozialen Belange und Anliegen, der Einsatz für die Schwachen und die am Rand der Gesellschaft, bei denen es Schnittmengen zwischen dem Anliegen Jesu und dem seiner Partei gebe. Schließlich gipfeln seine Ausführungen in der Aussage: »Jesus Christus wäre heute Mitglied der LINKEN!«

Ein typischer Gysi-Satz. Zugespitzt, sicher auch überzogen, und dennoch ist man erstaunt, als er erläutert, dass er damals die Arbeitsgemeinschaft Christinnen und Christen in der PDS initiiert habe. Welche Rolle denn Christen in einer sozialistischen Partei spielen sollen, die ja keinerlei religiöse Bezüge in ihrer Geschichte habe, so fragen wir.

Christliche Grundwerte sollten auch und gerade in einer demokratisch-sozialistischen Partei gelten, so Gysi. Die Gründung der Arbeitsgemeinschaft Christinnen und Christen in der damaligen PDS sei auch Bestandteil einer kritischen Aufarbeitung und Auseinandersetzung mit dem gescheiterten Staatssozialismus gewesen. Mit dieser Gründung seien die Bedeutung christlicher Werte und Überzeugungen auch und gerade für Linke unterstrichen und ihre Beiträge gewürdigt worden. »Wir brauchen Mitglieder, die für Frieden und soziale Gerechtigkeit streiten, egal ob aus weltanschaulichen oder religiösen Motiven.«

Das hört sich für uns angesichts des Leidensweges von vielen Christen in der DDR zu schön an, um wahr zu sein. Schließlich hat die Kirche in der DDR unter dem sozialistischen Regime gelitten. Christen wurden benachteiligt, etwa im Blick auf Ausbildung und berufliche Chancen. Hat DIE LINKE als Nachfolgepartei der SED/PDS aus seiner Sicht dafür etwa die Verantwortung übernommen?

Ja, das habe sie, und zwar voll und ganz. Am 15. März 1990 habe der damalige Parteivorstand der PDS eine selbstkritische Erklärung zur Unterdrückung christlicher Auffassungen in der DDR und zur Benachteiligung von Christinnen und Christen verabschiedet und man habe die volle Verantwortung dafür übernommen. Dieser Schritt sei damals ein konsequenter Bestandteil der kritischen Aufarbeitung des gescheiterten Staatssozialismus gewesen. Man räumte ein, dass Unrecht geschehen sei, und stellte sich deshalb der eigenen Geschichte.

Wir bohren nach. Der Sozialismus gehe davon aus, dass sich die Menschheit positiv weiterentwickeln würde. Aber sowohl im politischen Alltag als auch im privaten Leben scheiterten wir immer wieder an uns und anderen. Auf das Zitat des Außenministers Frank Walter Steinmeier, die Welt sei aus den Fugen geraten, geht er wie auf eine Steilvorlage ein.

»Wir müssen uns dieser existenziellen Herausforderungen annehmen – genannt seien die weltweiten gewaltsamen Konflikte, das soziale Elend bis zum Hungertod und die ökologische Krise – und alles dafür tun, sie zu überwinden. Das ist im privaten Leben nicht viel anders. Jedenfalls können wir nicht vor ihnen weglaufen, weil sie dann immer noch da sind. Das ist Aufgabe der Politik und jeder und jedes Einzelnen.

Aus diesem Grund ist das Thema soziale Gerechtigkeit eines meiner Kernthemen. Hier gibt es ja wieder viele Schnittmengen zu den Kirchen«, fährt er fort.

»Der Beitrag der Kirchen besteht ja schon heute darin, vielen

Menschen, deren Existenz gefährdet ist, zu helfen. Aktuell leisten die Kirchen einen großen Beitrag zur Unterstützung der zahlreichen Flüchtlinge aus den Kriegs- und Krisenregionen wie Syrien, dem Irak und Afghanistan. Wenn Christinnen und Christen selbst einen Beitrag leisten, die Not der Schwachen in der Gesellschaft zu lindern, wenn sie ihre Stimme öffentlich gegen Kriege, Armut, Hunger und Not erheben, dann ist das sehr bedeutsam. Die Vermittlung der Werte von Solidarität und sozialer Gerechtigkeit gerade auch von den Kirchen ist auch deshalb notwendig, um denjenigen, die sich auf eine christlich-abendländische Kultur berufen und dabei gegen Andersdenkende und Andersgläubige hetzen, den Boden für Rassismus und Gewalt zu entziehen. *Nathan der Weise* von Lessing ist deshalb noch stärker ins Bewusstsein zu rücken, und dann werden wir am Ende sehen, welche der Religionen recht hat.«

Gregor Gysi bezeichnet sich als Heide, zu dem die Religion »noch nicht« gekommen sei. Wir wollen von ihm wissen, ob er sich vorstellen könne, dass der Glaube für ihn in der zweiten Lebenshälfte noch einmal existenzielle Bedeutung gewinne, gerade auch angesichts der Endlichkeit des Lebens. Die Antwort ist kurz und schlagfertig wie so oft.

Es stimme schon, diese eine Gewissheit, dass das Leben endlich sei, habe er auch. Aber selbst als er schwer krank war und hätte sterben können, sei er nicht religiös geworden. Und dann lässt er sich dennoch ein Hintertürchen offen, als er hinzufügt: »Wir werden sehen ...«

VOLKMAR KLEIN

Volkmar Klein, Jahrgang 1960, ist Abgeordneter aus dem Wahlkreis Siegen-Wittgenstein, studierter Volkswirt und Familienvater
von vier Kindern. Der engagierte evangelische Christ war bereits
als Student 1980 Mitarbeiter eines Abgeordneten, damals noch in
Bonn. Er hat an verantwortlichen Stellen in der mittelständischen
Wirtschaft gearbeitet, war ehrenamtlicher Bürgermeister seiner
Heimatstadt Burbach und einige Jahre Mitglied im Landtag von
Nordrhein-Westfalen, bevor er 2009 in den Deutschen Bundestag
gewählt wurde. Er ist Mitglied im Haushaltsausschuss und stellvertretendes Mitglied im Auswärtigen Ausschuss des Bundestages. Zudem gehört er zu den Veranstaltern des parlamentarischen
Gebetskreises, der sich in den Sitzungswochen freitagmorgens
trifft.

DAS GESPRÄCH

Volkmar Klein ist ein Abgeordneter, den man gerne trifft. Ein
rühriger Mann, der engagiert spricht und seine Worte mit ausla-
denden Armbewegungen unterstreicht. So geschehen bei einem
Verbandstag christlicher Bekenntnisschulen, wo wir uns wieder
einmal begegnet sind. Er hält eigentlich ein Grußwort, das aber im

Grunde eine Kurzandacht mit Bibelvers ist. Als wolle er die Lehrer und Verantwortlichen der Schulen wachrütteln, ruft er ihnen zu: »Vergessen Sie nicht: Was bei den Menschen unmöglich ist, das ist bei Gott möglich.« Ungewöhnliche Worte aus dem Mund eines Politikers.

Wer Volkmar Klein etwas näher kennt, wird feststellen, dass er im Grunde ein bescheidener Mensch geblieben ist. Einer, der seine Worte abwägt und nichts verspricht, was er nicht halten kann. Einer, der bodenständig geblieben ist und den Menschenschlag in Berlin vertritt, der das Siegerland bevölkert: erdverbunden, handfest und fromm. So begegnet man ihm am Bratwurststand im Wahlkreis mit einem Bier in der Hand ebenso wie im parlamentarischen Gebetskreis in Berlin.

Wir treffen ihn in seinem kleinen Berliner Büro gegen Abend und staunen über die Bilder an der Wand. Ja, das sei eine seiner großen Lieben – Ghana, das Land in Schwarzafrika, in das er schon an die zwanzig Mal gereist ist. Wir sehen ihn Arm in Arm mit dem ehemaligen Präsidenten John Agyekum Kufuor in dessen Garten stehen. Über einem Ständer hängt ein typisch ghanaischer Webstoff in kräftigen Farben. Und damit sind wir mitten in einer entwicklungspolitischen Debatte, bei der Klein recht selbstkritisch mit der Rolle Europas und der Bundesrepublik ins Gericht geht.

Aus vielen Ländern südlich der Sahara kämen die Menschen, weil sie zu wenige Chancen für sich selbst sähen. In Europa bräuchten wir deshalb einen Paradigmenwechsel im Blick auf die Entwicklungshilfe. Es gehe heute nicht mehr in erster Linie darum, Gelder für einzelne Bereiche wie Wasserentwicklung oder Gesundheitsvorsorge zu geben, sondern darum, die wirtschaftliche Entwicklung anzukurbeln und somit Hilfe zur Selbsthilfe zu geben. Alles andere habe für ihn den Geruch des Paternalismus, der immer dort helfen möchte, wo man das in Europa als wichtig erachtet. Er sei der Meinung, dass die Menschen in Schwarzafrika ihren Regierungen durchaus gründlicher auf die Finger schauen würden und kritischer wären, wenn sich die Wirtschaft besser entwickelte und die Menschen ihre Steuern zahlen könnten, weil sie ordentliche Jobs hätten.

»Berufliche Chancen sind die Voraussetzung für eine gute Entwicklung. In Indien verdient ein Ingenieur heute relativ viel Geld und bleibt auch dort, weil er eine Perspektive hat. In Afrika ist das nach wie vor nicht der Fall. Deshalb braucht Afrika Technologiezentren, neu gegründete Unternehmen und Investitionen von Europa, die Arbeitsplätze schaffen. So entsteht wahre Nachhaltigkeit, aber eben nicht durch die klassischen Hilfsprojekte. In sauberes Wasser und bessere Gesundheit zu investieren, sei wichtig, reiche aber nicht.«

Wir wenden ein, dass die restriktive Politik Europas mit ihren hohen Einfuhrzöllen auf Produkte nicht dazu geführt habe, dass sich in Afrika produzierendes Gewerbe entwickelt habe.

Das sei schon so, bestätigt er, und das müsse sich auch ändern. Heute sei das produzierende Gewerbe, z. B. im Textilbereich, ganz an China gegangen. In vielen Bereichen hätten die Chinesen und Inder Arbeitszweige in Afrika übernommen, weil die Qualität der Produkte vor Ort nicht stimme und auch die Zuverlässigkeit. Für uns hieße das, dass wir ruhig auch fordernder auftreten müssten. Man dürfe heute durchaus erwarten, dass in Afrika z. B. Trockenobst genauso gut produziert und exportiert werden könne wie in Südostasien. Unsere Trockenfrüchte kämen aber nahezu komplett aus Asien.

In der bestehenden betriebswirtschaftlichen Lücke, dort, wo Abläufe und die Qualität noch nicht gut entwickelt seien, müssten wir Europäer mithelfen, bis sich die Märkte eigenständig weiterentwickeln könnten. Das würde in Europa selbst ja auch so gemacht. Nur so entstünden auf Dauer Arbeitsplätze, die die Länder wirtschaftlich stabilisierten. Unsere soziale Marktwirtschaft sei ja auch in Europa wie ein Geländer, das denen helfe und ihnen Chancen biete, die es bräuchten. Aber es ermögliche eben auch Wachstum und Entwicklung. Fördern und fordern sei das Gebot der Stunde einer Entwicklung, die sich selbst trägt.

Wir könnten den afrikanischen Staaten allerdings nicht vorschreiben, wie das im Einzelnen auszusehen hätte. Diese Länder müssten schon ihren eigenen Weg finden. Wo aber Vertrauen in das eigene Land wächst, dort gebe es auch Entwicklung. Als Beispiel führt Klein aus, dass das Bruttosozialprodukt pro Kopf Ende der 50iger Jahre in Ghana doppelt so hoch gewesen sei wie in Südkorea. Heute sei das mit dem Faktor 20 genau anders herum. Was war der Schlüssel für den Erfolg Südkoreas? Die Menschen hätten Vertrauen in ihr Land gehabt, die Kleinunternehmer und vermögenden Menschen hätten ihr ganzes Geld im Land angelegt und es nicht außer Landes gebracht. Heute sei Südkorea äußerst erfolgreich. Reiche Afrikaner legen ihr Geld aber lieber außer Landes an.

Wir wechseln das Thema. In Europa beschäftigen wir uns mit der Flüchtlingsfrage und den Menschen, die aus vielen unterschiedlichen Kulturen und Religionen zu uns kommen. Wir wollen von ihm wissen, was das für unsere Wertvorstellungen bedeutet.

»Wir müssen deutlich machen, dass in Deutschland Werte gelten, die aus dem christlichen Menschenbild kommen. Danach hat jeder die Möglichkeit, sich für seinen eigenen Lebensstil und seinen eigenen Glauben zu entscheiden. Diese Toleranz und diese Offenheit unserer Gesellschaft fußen ja gerade auf unserem Menschenbild. Wenn nun geflüchtete Menschen zu uns kommen, entgehen sie ja oft der Intoleranz in ihrem Land, wenn sie nicht gerade Kriegsflüchtlinge sind. Wir müssen diese Toleranz dann aber auch wieder neu einfordern und hier haben wir vieles versäumt – oft aus einer falsch verstandenen Rücksichtnahme correctness heraus. Mir ist es tatsächlich passiert, dass eine türkisch-muslimische Integrationsberaterin sich beschwert hat, weil islamisch-fundamentalistische Jugendliche Mädchen daran hindern wollten, mit auf Klassenfahrt zu gehen. Und die deutschen Lehrerinnen meinten nur dazu, dass man da nichts machen könne, das sei eben eine andere Kultur.

So geht es nicht. Wir dürfen unsere Werte nicht zur Disposition stellen. Integration ist erst einmal unser Problem und wir müssen unsere Hausaufgaben richtig machen. Wir dürfen unsere geschichtliche Basis nicht vergessen und sollen unsere Werte einfordern. Vor lauter Toleranz werden wir am Ende noch tolerant gegenüber der Intoleranz und das geht nicht.«

Wie das denn sei mit den Werten in der Berliner Politik, wenn unterschiedliche Wertevorstellungen im Alltag aufeinanderprallen, wollen wir von ihm wissen.

Die Menschen seien eben unterschiedlich, so Klein. Heute sei er recht gelassen, was das betreffe. Menschen könne man eben nicht verbiegen, man müsse sie so nehmen, wie sie sind. Das sei in der Familie so, in der Kirchengemeinde und in der Politik eben auch.

Man könne seine Kinder ja auch nicht ändern, wenn sie sich so ganz unterschiedlich entwickelten. Die Grundspielregeln müssten eben immer wieder bedacht werden. Unter den Teilnehmern des Gebetsfrühstücks sei klar, dass Politiker aus unterschiedlichen Parteien ganz unterschiedliche Vorstellungen hätten, wie Politik zu machen sei. Und doch gelänge es, gut miteinander umzugehen. Natürlich stellten sie politische Einzelfragen erst einmal zurück und konzentrierten sich auf ein gutes geistliches Miteinander. Aber der Umgang untereinander gelinge im Berliner Politikbetrieb im Großen und Ganzen ganz gut.

In den USA sei das ganz anders. Die Parteien seien strikt in zwei Lager getrennt, es gebe jenseits offizieller Sitzungen nur wenig Begegnungsmöglichkeiten zwischen Republikanern und Demokraten. Das Gebetsfrühstück sei dort eine der wenigen gemeinsamen Klammern. In Berlin sei das anders. Im Alltag komme man bei vielen Veranstaltungen aus unterschiedlichen Parteien zusammen. Selbst im kirchlichen Bereich gebe es neben dem Gebetsfrühstück noch Andachten und Kreise der EKD und der katholischen Kirche. Das eine die Politik und helfe für einen guten Umgang.

Wir fragen Klein nach dem Einfluss der Kirchen in Deutschland.

Dazu nimmt er eine kritische Haltung ein und findet, dass die Kirchen sich in vielen Bereichen selbst marginalisierten. Traditionelle Werte wie die Familie würden in Teilen der evangelischen Kirche leichtfertig für neue Formen aufgegeben.

»Ich würde mir wünschen, dass die Rückbesinnung auf unsere biblische Basis wieder deutlicher zutage treten würde. Bei mancher Stellungnahme vonseiten der Kirchen weiß man nicht, ob das die siebte Stellungnahme eines Sozialverbandes ist. Wäre es nicht besser, wenn man sich aus politischen Einzelfragen etwas heraushält und sich lieber auf die ethischen Grundwerte konzentriert? 2005 wurde die CDU in Nordrhein-Westfalen auch in kirchlichen Kreisen gewaltig angefeindet, weil wir Wert darauf legten, dass alle Ausländer Deutsch lernen sollten. Man sprach damals von Zwangsgermanisierung. Heute ist diese Forderung von damals Allgemeingut.

In politischen Einzelfragen lege ich großen Wert darauf, dass man als Christ aufgrund seiner Überzeugung zu unterschiedlichen Entscheidungen kommen kann. Das sollte respektiert werden. Gelegentlich hat man den Eindruck, dass die Kirche politisch sehr einseitig aufgestellt ist.«

Auf der Homepage von Volkmar Klein steht der Vers aus Psalm 68. Gelobt sei der Herr täglich, Gott legt uns eine Last auf, aber er hilft uns auch. »Was bedeutet dieser Satz für Sie?«, fragen wir ihn.

»Für mich bedeutet er ein Zweifaches. Einerseits tröstet er mich, weil ich weiß, dass Gott mir beisteht. Andererseits ist er eine Aufforderung, die Lasten auch zu tragen. Wir können uns nicht zurückziehen. Es ist schon unsere Aufgabe, die Dinge unseres Lebens in die Hand zu nehmen und zu gestalten; wir müssen aber nicht alles regeln. Wir bekommen Hilfe von Gott und werden von ihm gehalten. Das Wort ist eine tolle Verheißung. Bei Jesus sind Dinge möglich, die bei uns unmöglich sind.

Mir begegnet in unseren Gemeinden immer wieder auch ein gewisser Fatalismus, dass Menschen sich von der Welt zurückziehen und sagen, da könne man eben nichts machen. Das halte ich für grundverkehrt. Ich möchte auf Gott vertrauen, der mich im Alltag trägt. Das gilt dann ja bei mir konkret im politischen Leben. Dieser Tage war die Organisation Open Doors, die sich für verfolgte Christen einsetzt, bei uns in der Gemeinschaft. Die zeigen, dass man beten kann und sich gleichzeitig für andere aktiv einsetzen muss. Und so sehe ich auch meine politische Arbeit in Berlin. Diese Gewissheit macht mich dann auch fröhlich und die Leute sagen mir dann gelegentlich: dass mir die Arbeit wohl Spaß mache, das sähe man mir an.«

Und weg ist er. Auch wenn es schon Abend ist, warten noch zwei Termine auf ihn.

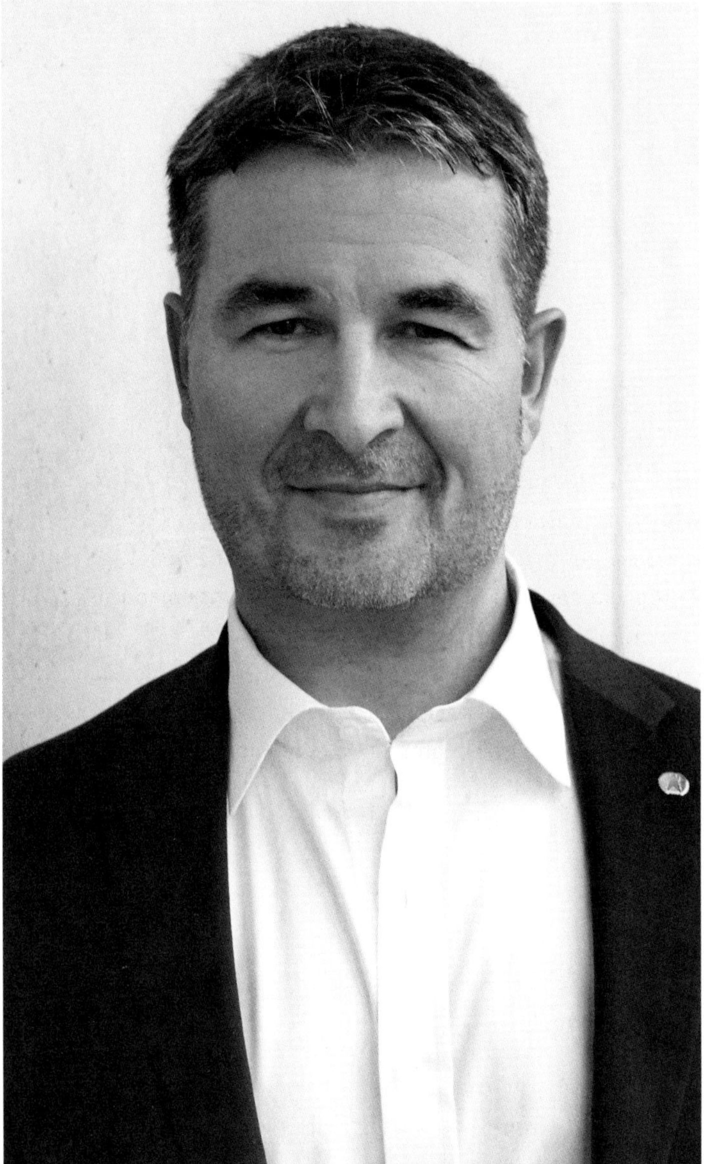

ALBERT HELMUT WEILER

Dr. h. c. Albert Helmut Weiler, Jahrgang 1965, römisch katholisch, verheiratet, ein Kind. Vor seiner politischen Laufbahn war der gelernte Elektroanlageninstallateur Lokomotivführer bei der Deutschen Bahn. Danach studierte er Verwaltungs- und Betriebswirtschaftslehre, machte einen Magister in Politikwissenschaft und wurde von der Nationalen Universität von Armenien mit der Ehrendoktorwürde ausgezeichnet. Seit 2013 sitzt er als CDU-Abgeordneter für den Wahlkreis Gera, Jena und Saale-Holzland-Kreis im Deutschen Bundestag. Er ist Mitglied im Ausschuss für Arbeit und Soziales. Im Nebenamt ist er ehrenamtlicher Bürgermeister der Gemeinde Milda im südlichen Saaletal. Neben etlichen Ehrenämtern ist er Präsident des Deutsch-Armenischen Forums.

DAS GESPRÄCH

Im Juni 2016 verabschiedet der Bundestag die sogenannte Armenien-Resolution aus dem Jahr 2005, in der an den Völkermord des Osmanischen Reiches an der armenischen Minderheit zu Beginn des 20. Jahrhunderts gedacht und die deutsche Mitschuld am Schweigen benannt wird. Lange war um Formulierungen gerungen worden. Weil man die guten Beziehungen zur heutigen Türkei nicht gefährden wollte, war diese Resolution immer wieder verschoben worden. Ein Mann engagierte sich in besonderer Weise für diese Entscheidung, der Abgeordnete Dr. Albert Weiler.

Wir treffen uns mit mehreren Abgeordneten am Tag nach der Resolution zu einem Frühstück. Albert Weiler erzählt, was an diesem Tag in ihm vorgegangen ist. Man habe im Raum spüren können, wie bewegt die Abgeordneten gewesen seien, einer habe Tränen in den Augen gehabt. »Das war eine Sternstunde des Parlaments«, so das Fazit eines anderen Teilnehmers. »Wir haben uns zu unseren Werten bekannt, haben Verantwortung übernommen. Es ist, als sei eine Last von uns abgefallen.«

Ich möchte diesen Abgeordneten näher kennenlernen. Nach der Sommerpause wird ein Termin möglich. Zuvor ist die ARD für ein Fernsehinterview im Haus und blockiert sein Büro mit Kameras und Tontechnik. Es ist brütend heiß an diesem Spätsommertag. Während ich warte, kommt die ganze Gruppe lachend aus dem Büro, ein Kollege schlendert vorbei, sie duzen sich und schlagen sich gegenseitig auf die Schulter. »Gut gemacht, Albert«, so der Kollege aus Schleswig-Holstein. Jetzt bin ich dran.

Beim Betreten seines Büros fällt mir ein Zitat auf, das über seinem Sofa hängt: »Gott gebe mir die Gelassenheit, Dinge hinzunehmen, die ich nicht ändern kann, den Mut, Dinge zu ändern, die ich ändern kann, und die Weisheit, das eine vom anderen zu unterscheiden.« Hier bin ich also richtig, wir steigen gleich ein.

Sein christliches Fundament sei ihm für seine politische Arbeit sehr wichtig und die Präambel des Grundgesetzes bezieht er ins Gespräch mit ein. Dort sei ja von der »Verantwortung vor Gott und den Menschen« die Rede. Als katholischer Christ, der sonntags selbstverständlich den Gottesdienst besucht, bedauere er es ausdrücklich, dass der Grundwasserspiegel christlichen Glaubens zurückgeht. »Im Osten wurde natürlich vielen der Glaube durch das Regime der SED ausgetrieben. Im Grunde verlieren wir aber ohne den Glauben wesentliche Lebensqualität.«

Für ihn sei der Glaube ein wichtiger Halt, besonders, wenn er an Grenzen stoße. Er habe es sich im Alltag zur Gewohnheit gemacht, sich dann, wenn es möglich ist, in eine Kirche zurückzuziehen oder zu Hause in eine Ecke zu setzen, um mit seinem Gott zu reden. Das helfe ihm, seinen Weg wiederzufinden. Dass man Menschen durch eine antichristliche Prägung diese Möglichkeit genommen habe, findet Weiler sehr schade. Der Passus im Grundgesetz bewahre uns davor, dass wir christlich-ethische Werte wie die Nächstenliebe aus dem Blick verlieren. »Leben wir danach, dann helfen wir anderen und bekommen selbst Hilfe zurück.«

»Und was bedeutet das für Atheisten?«, frage ich ihn.

Weiler erzählt, dass es bei ihm im Osten nicht schwierig sei, mit Nichtchristen zu sprechen, da der Anteil der Christen unter 10% liege. Dabei fiele ihm immer wieder auf, dass viele auf der Suche seien. Er würde oft gefragt, warum er glaube. Dann könne er Zeugnis von seinem Glauben geben, der ihm im Alltag tatsächlich Kraft gebe. Für viele sei nach dem Tod alles aus, dabei würden sie aber vergessen, dass der Glaube ja auch heute schon hilft. Er selbst glaubt, dass die Aussicht auf ein Leben nach dem Tod ein Ansporn sein könne, so zu leben, dass man nicht verloren geht. Typisch katholisch fügt er mit einem verschmitzten Lächeln dazu: »Ich sage dann halt, dass ich mir mit meinem Helfersyndrom meinen Platz im Himmel sichern möchte.«

In schwierigen Zeiten Verantwortung zu übernehmen, ist eine echte Herausforderung für Politiker. Oft ist diese Last geradezu spürbar; wenn dann noch scharfe Auseinandersetzungen um den richtigen Weg im politischen Alltag dazukommen, zehrt das an den Kräften. Wie geht er mit diesem Druck um, frage ich ihn direkt.

Er versuche, keine schnellen Lösungen zu suchen. Dafür seien die Dinge viel zu komplex. Es gebe ja Parteien, die das anböten. Aber so komme man nicht zu langfristigen und durchdachten Lösungen, die auf Dauer tragfähig sind. Wer bereit sei, im Extremfall an der Grenze zur Waffe zu greifen, der müsse in letzter Konsequenz auch dazu bereit sein, auf eine schwangere Frau zu schießen, die auf der Flucht vor dem Bürgerkrieg in ihrem Land an unserer Grenze über eine Mauer klettert. Das könne ja niemand ernsthaft erwägen, das sei menschenverachtend. Es werde eben zu schnell vergessen, dass wir selbst als Deutsche in der Vergangenheit vielfach Flüchtlinge gewesen seien.

Heute lebten wir in Deutschland vergleichsweise sehr gut. Trotzdem werde zu viel gejammert. Diese Haltung sei nicht gut. Man solle nicht klagen, sondern gemeinsam anpacken und die Dinge zum Guten wenden.

Als ich auf Armenien zu sprechen komme, ist zu spüren, wie ihm das Thema unter den Nägeln brennt. Weiler holt aus.

Vor rund 100 Jahren seien ca. 1,5 Millionen Menschen vertrieben und regelrecht abgeschlachtet worden. Ein ganzes Volk wurde aus einer Region weggeschafft. Er sei oft in Armenien gewesen und habe gespürt, wie wichtig es für die Menschen sei, dass man wenigstens ihr Leid anerkenne. Wiedergutmachen könne man das natürlich nicht mehr. Am 24.4.2015 hätte er im Auftrag des Bundestagspräsidenten Norbert Lammert die Gedenkrede gehalten und selbst gesehen, wie Tausende von Menschen bei strömendem Regen zu Fuß an das Denkmal gelaufen seien und dort mit Tränen in den Augen die mitgebrachten Blumen niedergelegt hätten. Er habe deshalb schon vorher in vielen Gesprächen dafür geworben, dass das deutsche Parlament dieses erlittene Leid anerkennen solle. Für das Parlament sei dies im Laufe der Zeit eine Herzensangelegenheit geworden. Als dann die Abgeordneten mit großer Mehrheit die Hände gehoben hätten, habe man förmlich gespürt, wie ihnen eine unsichtbare Last von den Schultern genommen worden sei.

»Wir waren danach alle froh, dies bekennen zu können. Es war eine Art Ent-Schuldigung. Heute sind wir ja wieder in einer ähnlich schwierigen Situation mit der Türkei. Aber wir haben uns nicht gedrückt. Auch vor dem Hintergrund, dass wir selbst ja einen Genozid verursacht haben und diesen auch sehr gründlich aufgearbeitet haben. Deshalb war das auch für uns als deutsches Volk wichtig. Auf meiner letzten Reise nach Armenien sagte mir die Botschafterin, dass Armenier mit Plakaten vor die Deutsche Botschaft gezogen seien, um sich zu bedanken. Dass meine Regierung danach sagte, sie fühle sich an diese Resolution des Parlaments nicht gebunden, stimmt so nicht. Die Aussage des Regierungssprechers, dass die Resolution für die Regierung nicht bindend sei, ist zwar rechtlich zutreffend, hat aber unnötig für Verwirrung gesorgt, denn eine demokratische Regierung fühlt sich selbstverständlich an Entscheidungen des Parlaments gebunden.«

Deutliche Worte aus dem Mund eines Mannes, der für seine Werte auch dann einsteht, wenn der Wind ihm entgegenbläst. Themenwechsel. Christen in Thüringen sind eine verschwindende Minderheit. Was kann die Kirche tun, damit sie nicht ganz in Vergessenheit gerät, will ich von ihm wissen.

Der Auftrag sei in der Tat riesig und der einzige Weg sei aus seiner Sicht, direkt auf die Menschen zuzugehen. Es komme darauf an, weniger zu reden und mehr zu tun. In Erfurt gebe es einen neuen Bischof, der Kindergärten und Altenheime besuche. Das sei der Schlüssel, so hätte das Jesus auch immer getan. Dieser Bischof gehe offen auf die Menschen zu und das sollten wir Christen alle so machen. Im Prinzip gelte das ja für sein Amt als ehrenamtlicher Bürgermeister auch. »Wenn Menschen Probleme haben, kommen sie einfach, auch am Wochenende. In einer Gemeinschaft muss man füreinander da sein und den Menschen dienen. Ein guter Leiter muss ein guter Diener sein. Dann werden ihm die Menschen auch folgen.« Hätte er das nicht getan, dann wäre er zu Recht nicht wiedergewählt worden. Da ihm das aber wichtig sei, hätte er das Traumergebnis von 98% Zustimmung erhalten bei 70% Wahlbeteiligung. Alle möglichen politischen Strömungen hätten ihm die Zustimmung gegeben, weil er sich darum bemühe, nahe an den Menschen zu sein.

So sei das auch im Glauben. Wir müssen es den anderen vorleben und ihnen deutlich machen, dass es nicht weh tut, wenn man glaubt. So könne man andere infizieren. Das gelte für alle Christen und insbesondere für die kirchlichen Vertreter. In seiner Kirchengemeinde würden vermehrt Menschen wieder eintreten, weil die Verantwortlichen gute Vorbilder seien.

Wie es denn um das »C« in der CDU stehe, hake ich nach. Hat das C-Profil nicht auch nachgelassen?

Weiler findet, dass die Werte innerhalb der CDU eindeutig sein müssen. Andersgläubige Mitglieder müssten das anerkennen. Das gelte auch für alle Flüchtlinge, die neu in Deutschland angekommen seien. Die Werte unseres christlichen Abendlandes müssen anerkannt werden, sonst können sie hier keine Heimat finden.

Weiler ist aktives Mitglied von zwei christlichen Treffen pro Woche. Donnerstags früh um 7.30 Uhr geht er zum Gottesdienst in die katholische Akademie in Berlin. In einer kleinen Gruppe kommt man zusammen, danach wird gefrühstückt. Freitags nimmt er am parlamentarischen Gebetsfrühstück teil. Dort liest man die Losung, ein Abgeordneter bereitet sich jeweils vor, man tauscht sich aus und betet miteinander.

»Mir gibt dieser Kreis so viel Kraft und Energie, dass ich ihn nicht missen möchte. Das trägt mich durch das ganze Wochenende und ich freue mich jedes Mal darauf. Eigentlich gibt es kein Treffen, das ich bisher versäumt habe, auch wenn ich mitunter erst weit nach Mitternacht ins Bett gekommen bin. Das ist dann zwar *hartes Brot*, aber ich schwänze nicht, außer es liegt ein anderer Termin vor. Dass ich im Bett liegen bleibe, das geht gar nicht.

Natürlich gibt es beim Gebetsfrühstück auch Abgeordnete, mit denen wir politisch nicht auf einer Wellenlänge liegen. Da kommen wir eben auf dieser Ebene nicht zusammen; aber im Gebet und Austausch geht das dann doch. Es tut gut, dass wir dadurch einen anderen Umgang miteinander pflegen können.«

Am Ende des Gesprächs kommen wir wieder auf den Vers über dem Sofa zu sprechen.

Er habe den Vers von einer älteren Dame geschenkt bekommen. Er hänge auch zu Hause an der Wand und sei sein Leitspruch geworden. Die Weisheit dieses Spruches trage ihn und schenke ihm Gelassenheit im politischen Alltag. »Es gibt Dinge, die sind eben, wie sie sind. Wir brauchen Weisheit, das eine vom anderen zu unterscheiden und Dinge zu ändern, die wir ändern können. Aber Unabänderliches müsse man auch hinnehmen.«

An diesem Abend steht noch ein weiterer Termin an. Es wird wieder spät werden an diesem Donnerstag. Aber am Freitagmorgen das Gebetstreffen ausfallen zu lassen, kommt natürlich nicht infrage. Wie hat er gesagt? Das ist dann manchmal »hartes Brot« ...

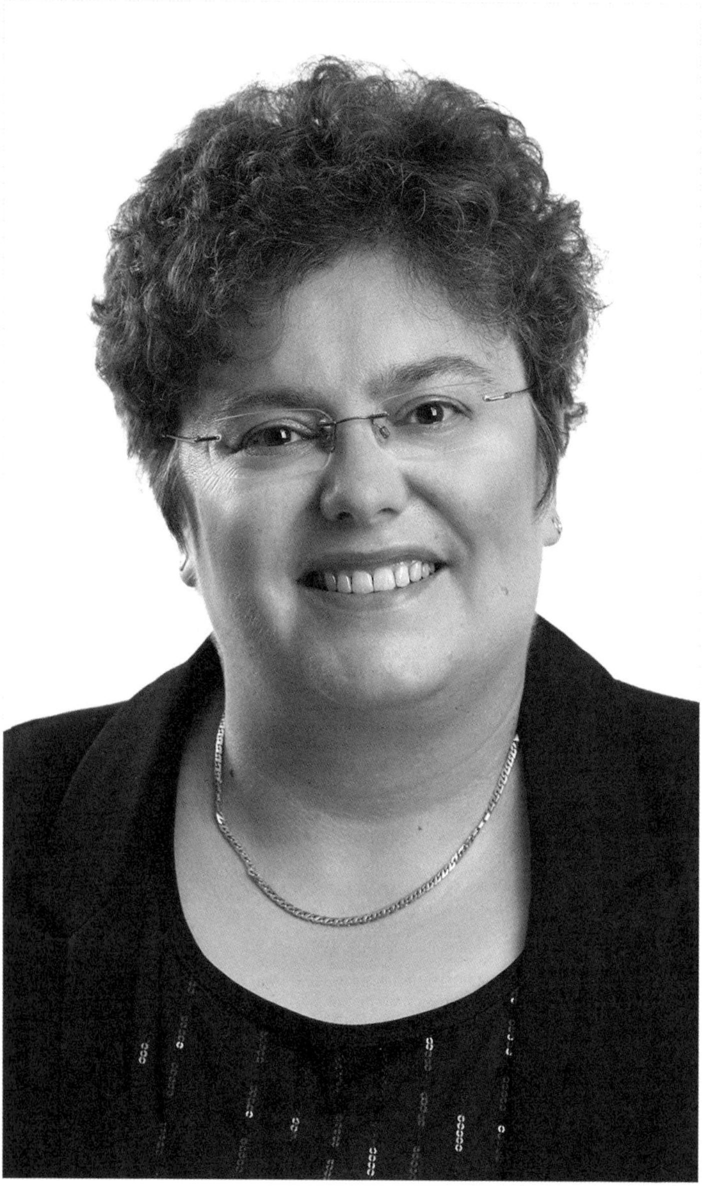

MARGARET HORB

Margaret Horb, Jahrgang 1967, Diplom-Finanzwirt (FH), ist evangelische Abgeordnete der CDU und seit 2013 Mitglied des Deutschen Bundestages. Sie stammt aus Osterburken in Baden-Württemberg. Nach dem Studium der Anglistik, der evangelischen Theologie und der Betriebswirtschaft mit Auslandssemestern in den USA und Wales absolvierte sie ein Studium im Bereich Finanzen und Steuern und arbeitete viele Jahre in der Finanzverwaltung Baden-Württembergs. Sie ist ordentliches Mitglied des Finanzausschusses, stellvertretendes Mitglied im Ausschuss für Angelegenheiten der EU und Schriftführerin des Bundestages. Darüber hinaus ist sie aktives Mitglied des parlamentarischen Gebetskreises und des Stephanuskreises der CDU/CSU Fraktion im Deutschen Bundestag.

DAS GESPRÄCH

Wir sitzen am Morgen gegen 9.00 Uhr im Restaurant Käfer des Bundestages bei einer Tasse Kaffee. Das erste Treffen liegt bereits hinter der Abgeordneten Horb. Immer wieder klingelt es durchdringend – das Signal für alle Abgeordneten, dass die offizielle Debatte im Parlament begonnen hat. Noch ist nicht Zeit für die namentlichen Abstimmungen, deshalb kann Margaret Horb noch Termine wahrnehmen. Mit ihrem Mitarbeiter war der Termin sorgfältig platziert worden, eine andere freie Stunde war in dieser Sitzungswoche nicht mehr drin.

Wie kommt sie damit zurecht, dass während der Sitzungswoche alles sehr eng getaktet ist, will ich von ihr wissen.

Gut, meint sie. Ihr innerer Kompass weise ihr den Weg – ob in der Heimat, die liebevoll auch das »badisch-christliche Hinterland« genannt wird, oder in Berlin. Zu Beginn einer Abgeordnetentätigkeit tue es unheimlich gut zu wissen, dass man Menschen kennt, die einem helfen und denen man vertrauen kann. Am wichtigsten sei aber gewesen, dass sie ihr Fachgebiet auch als Gesetzgeberin schnell in den Griff bekommen habe. »Nach einem Monat dachte ich: Ich weiß, wie die Dinge funktionieren. Nach einem halben Jahr habe ich dann zurückgeschaut und festgestellt: Ich habe viel dazugelernt. Bereits nach sehr kurzer Zeit eilte mir der Ruf voraus, dass ich bei der Gesetzgebung ganz explizit den Fokus auf die Umsetzung und Handhabbarkeit in der Praxis lege. Das bedeutet, viele Gespräche zu führen, nachzufragen und da schaut man nicht auf die Uhr. Etwas für alle Beteiligten zum Positiven zu bewegen, treibt mich an.«

In einer Finanzbehörde hat man ja eine ganz andere Arbeitssituation, werfe ich ein, dafür hat man aber auch mehr Zeit.

Das sei natürlich so, meint Margaret Horb. Die Sitzungswochen vergehen wie im Flug. Allein das Wichtige vom Dringenden zu unterscheiden, sei eine Herausforderung für sie und ihr Team. Da würde man dann eben von morgens bis abends durcharbeiten und dann wie tot ins Bett fallen. Gut sei, dass sie ein breites Netz an Hilfestellung für ihre Kinder zu Hause habe, sonst könne sie das nicht machen. Tablet und Smartphone sei Dank! Aber sie habe keinen Grund zu klagen. Der Beruf mache ihr Freude und in jedem Beruf, in dem man für eine Sache brennt, sei schließlich der Einsatz an Zeit und Kraft höher.

Auf die Frage nach dem Suchtfaktor in der Politik meint sie lachend:

»»Mach doch endlich mal dein Smartphone aus‹, halten mir die Kinder schon mal vor.« Früher habe sie nur so ein einfaches Handy gehabt, aber das ginge eben nicht mehr, denn man müsse zeitnah informiert sein und auch reagieren. Das werde einfach erwartet, man sei schließlich keine Privatperson, sondern eine Person mit einem öffentlichen Mandat. »Trotzdem bin ich schon etwas kommunikationssüchtig. Ich kann den Leuten auch nicht sagen, sie sollen sich nächste Woche wieder melden. Im Grunde ist man rund um die Uhr ansprechbar und abzuschalten fällt manchmal schwer.«

Frau Horb ist als Finanzfachfrau in viele aktuelle Fragen eingebunden, sei es die Griechenlandkrise, die EU-Finanzen oder der Brexit. Am Tag vor dem Gespräch hielt sie im Bundestag eine Rede zum »Bürokratieentlastungsgesetz«. Wer sich als Bürger dieses Wort auf der Zunge zergehen lässt, dem leuchtet sofort ein, dass es dieses Gesetz zum Bürokratieabbau dringend braucht.

»Das macht ja die Arbeit gerade so spannend. Da sind die kleinen Themen, die aber für den Alltag sehr wichtig sind und deshalb genau bearbeitet werden müssen. Parallel ist man eingebunden in die grundsätzlichen großen Fragen. Was wird aus dem Börsenhandelsplatz London, wenn der Brexit kommt? Geht er nach Fankfurt oder Dublin oder Paris? Dann kommen Bürger auf mich zu und klagen, dass so viele Milliarden Euro nach Griechenland gehen und bei uns die Schulen marode sind. Alles verständliche Anfragen. Die Lösungen jedoch sind vielschichtig.

Oder es geht so wie neulich auf dem Bahnhof, als mich ein Bürger ansprach und sich über den vielen Taubendreck auf dem Pflaster beschwerte. Zuerst dachte ich, warum muss ich mich jetzt um den Taubendreck kümmern, ich bin Finanzpolitikerin. Aber ich bin ja auch gewählte Abgeordnete und nehme die Bürger ernst. Also griff ich zum Telefonhörer, und nachdem drei Wochen später immer noch nichts geschehen war, schaltete ich mich wieder ein. Jetzt ist die Sache behoben. Das gehört einfach dazu, sich zu kümmern und die großen und kleinen Fragen im Blick zu haben. Manches geht dann, anderes aber auch nicht.«

Als wir auf das Thema Flüchtlinge zu sprechen kommen, spüre ich, wie belastet diese Diskussion mittlerweile ist.

Margaret Horb fragt sich, was sich viele Bürger eigentlich als tragfähige Lösung vorstellen. Sie spürt die vielen Ängste und Sorgen. Die direkte Konfrontation mit Menschen aus fremden Kulturkreisen bereite vor allem Eltern große Sorgen. Die Gefühle und Bedenken von Bürgern beim Anblick vollverschleierter Menschen zerstreue man nicht mit einem Telefonanruf.

Als immer mehr Flüchtlinge kamen, hätten die Rechtspopulisten diese Stimmung für sich ausgenutzt. Die Situation habe für

Unzufriedenheit gesorgt und die Kommunikation war nicht gut genug, so Horb selbstkritisch. Sie könne die Sorgen gut verstehen, schließlich sei sie alleinerziehende Mutter zweier Mädchen im Alter von 17 Jahren. Gleichzeitig wisse sie, dass die Gemeinschaft in einem Ort sehr grundlegend und wichtig sei, da man aufeinander achte, sich beschütze und füreinander da sei. Jeder habe in dieser Zeit in Deutschland auch gemerkt, dass durch gute Zusammenarbeit vieles geregelt wird. Insgesamt sei das für alle eine völlig unerwartete und neue Situation gewesen. Jeder habe dazulernen müssen, Bund und Länder. Dort würden schließlich die konkreten Entscheidungen gefällt und umgesetzt. Manche hätten das großartig gemacht, andere weniger gut. »Wenn man aber falsche Anreize schafft, eine Vielzahl von Arbeitsplätzen in Aussicht stellt und großzügige Sozialleistungen verspricht, ist es verständlich, dass die Menschen nach Deutschland und nicht in andere europäische Länder wollen. Noah hat auch nur von jedem Tier zwei in die Arche mitnehmen dürfen, weil die Möglichkeiten eben begrenzt waren.« Auch unsere Möglichkeiten seien nicht unendlich, aber man müsse sich gemeinsam den Herausforderungen stellen.

Angesprochen auf das »C« in der CDU entwirft Margaret Horb ein nüchternes Bild von ihrer Partei.

Man könne nicht von jedem Mitglied erwarten, dass er oder sie praktizierender Christ sei. Es gebe gemeinsame Grundwerte, die es zu tragen gelte. Sie komme aus einem ländlichen Gasthof, wo immer die Parteiversammlungen verschiedener Parteien stattgefunden hätten. Die Werte der CDU hätten sie am meisten überzeugt und prägten sie in ihrer Arbeit. Bei allen Unterschieden sei eine Gemeinschaft da, ein Zusammenhalt, obwohl sie sich bei mancher

E-Mail, die sie von Parteifreunden erhalte, ab und zu schon wundere. Es gebe eben überall Sonntags- und Alltagschristen.

»Manchmal mahne ich dann schon an und frage, ob man sich noch dessen bewusst sei, dass unser Parteiname ein C enthält. Natürlich wird auch gestritten und manchmal fliegen auch die Fetzen. Aber wenn es brenzlig wird, halten wir dann doch zusammen. Ich habe das besonders gespürt, als mein Mann plötzlich starb und viele Menschen mich auf unterschiedlichste Art unterstützten und dies noch heute tun. Wir sind eine Wertegemeinschaft, wir halten zusammen. Als ich im September 2013 ganz neu in Berlin ankam, wurden alle neuen Abgeordneten von Angela Merkel eingeladen und sie hat uns versichert, dass wir uns an sie wenden können, wenn es Probleme gibt. Jeder von uns hat ihre Handynummer und uns ist zugesichert worden, dass sie sich innerhalb von 24 Stunden meldet, wenn wir ein Problem haben. Das erklärt vielleicht, wie sie zu dem Spitznamen ›Mutti‹ gekommen ist. Sie kümmert sich.«

Der christliche Glaube spielt im Leben von Margaret Horb eine tragende Rolle. Wie man sich das im Alltag vorstellen soll, wenn alles so eng durchgetaktet ist, will ich von ihr wissen.

Im Täglichen bliebe wenig Zeit dafür, sich zurückzuziehen, aber der gelebte Glaube im Umgang mit anderen Menschen sei wichtig; dass man sich Zeit nehme für Menschen, hinhöre und sie achte. Auch einen Kollegen in die Schranken zu weisen, bei der Wahrheit zu bleiben, gehörte dazu. »Wer mir gegenübersitzt, ist ein Geschöpf Gottes, da ist jeder gleich. Für meine Kinder bin ich ja nicht die Bundestagsabgeordnete Horb. Ich bleibe ihre Mutter. Und in meiner Tätigkeit in der Finanzverwaltung bleibe ich weiterhin Christ. Oftmals habe ich mich mit Kollegen zu Aussagen der Bibel ausgetauscht, zum Beispiel über die Geschichte mit Matthäus dem Zöllner oder die Aufforderung, dem Kaiser zu geben, was dem Kaiser gehört. Der Glaube fordert und stärkt mich im Alltag. Manche Frage kann man nicht beantworten. Manchmal steht man vor fast unüberbrückbar erscheinenden Herausforderungen. Oft frage ich mich, wo Gott jetzt gerade konkret ist. Dann kommt mir das bekannte Bild von den Spuren im Sand in den Sinn. Gerade in schwierigen Zeiten fühle ich mich getragen.«

Margaret Horb ist verwitwet. Sie ist alleinerziehende Mutter von zwei Teenagern. Gegen Ende des Gespräches frage ich sie, wie es ihr denn in der schweren Zeit des Verlustes gegangen sei und was das für ihren Glauben bedeute.

Ja, es sei schon schwer, gibt sie zu. Im Sommer 2014 hätte ihr Mann sie nach Esslingen in Württemberg zu einem Termin fahren wollen, aber er habe noch im Haus zu tun gehabt. Sie hätten zuvor noch zu Mittag gegessen und sie sei alleine gefahren. Auf dem Rückweg habe ihre Schwester, die Ärztin ist, angerufen und ihr gesagt, dass ihr Mann einen Herzinfarkt erlitten habe und man ihn seit einer halben Stunde reanimieren würde.

»Da ich wusste, dass mein Mann Organspender ist und nicht an Schläuchen hängen wollte, habe ich akzeptieren können, dass seine Zeit gekommen war und der Herrgott etwas anderes vorhatte. Es war schlimm, aber ich nahm es doch als Gottes Willen an. Wenn er mit mir und den Kindern im Auto gewesen wäre und den Herzinfarkt unterwegs am Steuer bekommen hätte, hätte alles viel schlimmer kommen können. Ich wusste, ich kann in meiner Aufgabe weitermachen und das Amt ausfüllen, weil ich durch ein starkes Netzwerk getragen werde. Das sind meine Familie, meine Mitarbeiter, meine Freunde, die mich auch auffangen.

Mein Mann hat einmal zu mir gesagt, dass wir das ja gemeinsam erreicht hätten. Ich spüre oft, er ist mir nahe und findet es gut, was ich tue. Das gibt mir Kraft. Ich kann anderen mit meiner Erfahrung heute Halt geben, obwohl ich natürlich auch durch Krisen gehe. Meine Mitarbeiter wissen ganz genau: Wenn ich mit roten Augen aus dem Büro komme, dann müssen sie der Chefin Ruhe verschaffen und ihren Part übernehmen.

Zum Glück sind meine Kinder gut versorgt. Sie sind selbständig, in unserem Haus wohnt auch meine Schwester mit ihrer Familie und die Oma ist nicht weit. Es darf sich halt niemand daran stören, dass der Wäscheständer mal im Wohnzimmer steht, das ist dann halt so. In unserem Ort sind wir eine gute Gemeinschaft und helfen uns gegenseitig. Und wenn mal spät am Abend in der ganzen Wohnung noch Festbeleuchtung ist, bekomme ich in Berlin dank der modernen Medien ganz schnell eine Nachricht und kann eingreifen. Darüber sind die Kinder dann natürlich nicht gerade erbaut. Aber unser Netzwerk funktioniert.

Wenn ich beispielsweise keine Zeit zum Kuchenbacken habe, helfen Nachbarn und Freunde mit und bringen mal einen Kuchen vorbei. Ich freue mich, dass andere zu mir sagen: Kümmere du dich um deine Kinder, wir helfen dir. Es ist ja viel wichtiger, dass ich mit meinen Kindern intensiv Zeit verbringe. Und was glauben Sie, wie ich mich freue, wenn ich dann morgens auf dem Handy lese: Mama, wir haben dich lieb.«

MARGARET HORB